전부를 걸어라

전부를 얻는다
전부를 드려야

전부를
걸어라

박한수

규장

한국 교회가 전부를 걸고
주님을 믿어야 할 골든 타임

저는 계속해서 "우리는 이대로 괜찮은가?", "이렇게 살고 또 이렇게 믿어도 괜찮은가?"라는 질문을 자신에게 수없이 던지는 중입니다.

교회여, 말씀으로 살아나라

여기저기서 변질된 기독교에 대한 우려와 진단의 목소리가 쏟아져 나오는데, 정작 염려의 대상으로 지목된 한국 기독교는 태평한 것 같습니다. 더 정확히 표현하면 마땅한 대안이 없어서 해결책을 내놓지 못하는 것 같습니다. 그러는 사이 원수 마귀는 대열을 더 정비하고, 더 치밀하고도 끈질기게, 더 전략적으로 우리의 숨통을 끊어서 다시는 일어설 수 없도록 하려고 맹공을 퍼붓고 있는 듯합니다.

답은 항상 가까이에 있습니다. 그리고 근본에 있습니다. 부흥도 새삼스러운 특별한 몸짓이나 거대한 혁신에 있지 않습니다. 본질로 돌아가면 됩니다.

길을 바로 가면 목적지에 도달하게 되고, 열심히 일하면 시간이 지나면서 보상이 따를 것이고, 정직하게 살다보면 어느덧 세상이 달라져 있을 것입니다. 마찬가지로 우리가 스스로 돌아보아 말씀의 가르침으로 돌아가 치열하게 살면 교회는 어느덧 살아나게 될 것입니다.

지금 전부를 걸어야 내일의 희망이 있다

저는 책을 낼 만한 능력도 시간도 없는 사람입니다. 지극히 평범하다 못해 부족한 목사일 뿐입니다. 그런데 용기를 내서 책을 출판하게 되었습니다. 제가 평소 외쳤던 설교들이 정리되어 한 권의 책으로 나왔습니다. 이 책의 제목이 암시하듯이 저는 "전부를 걸자"고 외쳐왔고 계속해서 외치고 있는 중입니다. 그것만이 세상에서 조롱받고 쇠락의 길을 걷는 한국 교회의 대안이라고 믿기 때문입니다.

물론 이것이 말처럼 만만하지 않습니다. 그러나 설교자의 숙명이 그러하듯이, 제 자신의 연약함과 표리부동함에도 불구하고 저는 외처야 하는 직무를 맡았습니다. 저의 연약함에도 불구하고 아무쪼록 이 책의 내용에 응답하여 도전과 결단을 해주시면 고맙겠습니다.

성경의 신앙 영웅들은 하나같이 전부를 걸었던 사람들입니다. 어떤 이는 전 재산을 걸었고, 어떤 이는 자신의 미래를 걸었고, 어떤 이는 자신의 가족과 목숨도 걸었습니다. 전부를 걸었던 그들은 마침내 주님의 약속대로 천국 보화를 얻었습니다.

천국은 마치 밭에 감추인 보화와 같으니 사람이 이를 발견한 후 숨겨 두고 기뻐하며 돌아가서 자기의 소유를 다 팔아 그 밭을 사느니라 마 13:44

저는 10년 후, 20년 후 한국 교회와 성도들 그리고 특별히 오늘의 교회학교 다음세대가 어떤 모습일까 떠올려봅니다. 그 많은 교회 성전들은 어떻게 유지되고 있을지, 그 많은 신학생들은 다 어디에서 무엇을 하고 있을지 떠올려보면 희망보다 절망이, 낙관보다 두려운 생각이 드는 것은 저만의 염려는 아닐 것입니다.

그러나 지금이 골든 타임이라고 생각합니다. 지난 30여 년간 근시안적인 출산 정책으로 오늘날 세계 최하위 출산율 국가가 되어 급기야 정부가 국가비상사태를 선언하기에 이르렀지만 출산율 반등을 기대하는 사람은 별로 없습니다. 시기를 놓쳤기 때문입니다. 시간을 놓치면 힘으로도, 돈으로도, 목숨을 내놓아도 안 되는 일이 분명히 있습니다.

지금 우리가 전부를 걸고 예수님을 믿어야 내일의 희망이 있습니다. 우리가 눈물을 흘리며 회개하고 말씀 앞으로 나아가야 우리의 자녀들이 그나마 피 흘리지 않고 믿을 수 있는 세상을 물려줄 수 있을 것입니다. 이 책을 통하여 단 한 사람이라도 나태한 신앙과 안일한 일상을 돌이켜 진심으로 주님께 돌아올 수 있다면 이 모든 수고가 결코 헛되지 않을 것입니다.

오늘날 성도들도 유튜브 문화에 길들여져서 읽는 수고로움보다 보는 편안함에 익숙해져 있는데, 그럼에도 불구하고 부족한 사람의 설교를 잘 정리하여 기꺼이 책으로 출판해준 규장의 여진구 대표님과 안수경 실장님 그리고 실무진께 감사의 말씀을 드립니다.

저보다 우리 교회를 더욱 사랑하는 제자광성교회 성도님들께 이 책을 드립니다. 이분들이 중보해주고 응원해주지 않았다면 이 책은 나올 수 없었을 것입니다. 500여 명의 중보팀과 300여 명의 전도대 그리고 380여 명의 셀리더들께 이 자리를 빌어 감사의 말씀을 드립니다.

뙤약볕과 엄동설한에도 날이면 날마다 발의되는 악한 법들의 제정을 막기 위해서 아스팔트에서 피켓을 들고 이 시대의 복음을 외치는 진정한 믿음의 동지 여러분들께 이 책을 바치고 싶습니다.

하나님께서 저의 연약함을 아시고 만나게 해주신 전 세계의 중보자들께 감사를 드립니다. 미국 피츠버그의 '작은 예수' 공동체를 이끄시는 케이 박 전도사님, 시카고 김광수 목사님 그리고 평생의 기도의 어머니 문여임 권사님, 창원의 중보기도 용사들과 김정림 전도사님, 새벽마다 지친 몸을 이끌고 부족한 사람을 위해 새벽 제단에 엎드리시는 장모님, 저를 낳아주시고 평생의 수고를 아끼지 않으신 육신의 어머니, 그리고 지금까지 기도하고 계시는 수많은 기도의 동역자들께 감사 또 감사를 드립니다.

무엇보다 가장 힘들 때 벗이 되어주고, 가장 평안할 때 기꺼이 무서운 감시자가 되어주는 사랑하는 아내 정미에게, 그리고 이 땅에 하나밖에 없는 사랑하는 내 딸 서윤이에게 감사의 말을 전하고 싶습니다.

그 누구보다 그 어떤 분보다 나를 아시고 사랑하시며, 저 천국에서 기다리실 우리 주님 예수 그리스도께 모든 영광을 돌립니다.

박한수

1
PART

발견하다

chapter **01**

가난이라는 유산

내가 너에게 가난을 유산으로 주었다

제가 예수 믿고 목사가 되어 교회를 개척하며 어려운 고비를 넘을 때 하나님 앞에 엎드려서 기도했습니다.

"차라리 제 영혼을 데려가십시오."

그렇게 기도하는 어느 날 하나님께서 "내가 너에게 복을 주었다"고 하셨습니다. 그래서 제가 "하나님이 저에게 무슨 복을 주셨습니까?"라고 묻자 다시 "내가 너에게 준 것이 있다"고 하시길래 "하나님, 아니 저에게 무엇을 주셨습니까? 행복을 주셨습니까? 재산을 주셨습니까? 부모님이 예수 믿은 영적인 유산을 주셨습니까? 도대체 뭘 주셨습니까?"라고 따져물었습니다.

그때 주님께서 저에게 분명히 말씀하셨습니다.

"내가 너에게 가난을 유산으로 주었다."

세상에 가난을 유산으로 주는 분이 대체 어디 있습니까? 너무 화가 나서 그날 제가 기도를 안했습니다. 그러나 주님은 항상 옳으십니다. 주님은 옳은 말씀만 하십니다. 우리가 이해할 수 없는 상황을 만나더라도 하나님의 결론이 항상 옳습니다. 제가 그 말씀을 붙잡고 펑펑 울었습니다. 그 말씀이 맞았습니다. 주님이 저에게 가난을 주셨고, 가난을 주셨기 때문에 제가 주님을 찾을 수밖에 없었습니다. 가난했기 때문에 하나님께 엎드릴 수밖에 없었고, 가난했기 때문에 개척을 할 수밖에 없었고, 가난했기 때문에 가난한 성도들을 그냥 지나칠 수 없는 목사가 된 것이 깨달아졌기 때문입니다. 그것이 복이었습니다. 저는 통곡하였고 결국 하나님께 감사의 기도를 드렸습니다.

죽었는데 살았어요!

저는 지리산 자락에서 멀지 않은 곳, 섬진강이 흐르는 시골에서 육남일녀 중 막내로 태어났습니다. 어머니가 마흔에 저를 낳으셨는데, 집안에 늦둥이가 태어나자 이미 학교에 잘 다니고 있던 손위 형들이 놀림받기 싫다고 학교 가기를 꺼릴 정도였다고 합니다.

아버지는 그 당시에는 노처녀라고 하던 18살 어머니를 시집보내려던 외할머니의 눈에 들어 장가를 가게 되었습니다. 그런데 부유했던 외갓집의 가세가 기울고 외할아버지마저 뇌출혈로 갑자기 돌아가시자 아버지가 외가의 그 큰 살림을 도맡게 되었습니다. 부잣집에 장가를 들어 젊은 나이에 쉽게 큰돈을 만져본 아버지는 여러 사업에 손을 대었지만 사업 체질이 아니다보니 하는 사업마다 실패하여 그 후 평생을 한량으로, 도박중독자로 사셨습니다.

아버지는 읍내에 갈 때 버스가 바로 뒤에서 오고 있는데도 택시를 잡아타고 가는 그런 실속 없는 분이었습니다. 직장은 없어도 아침에 나가 저녁에 돌아오시고, 어머니가 올 때 갈치 몇 마리 사오라고 하면 갈치, 명태, 동태까지 나무상자째 사서 택시에 실어서 오는 그런 분이었습니다.

아버지가 이렇게 실속 없이 살면서 집안을 돌보지 않으니 자식들은 배우지 못해 전전긍긍했고, 어머니는 노심초사하며 많은 자녀들을 혼자 부양해야 하는 짐을 떠안고 사셨습니다. 그 사이에 제가 태어났으니까 저 하나쯤 있어도 되고 없어도 되는 존재여서 그랬는지, 저는 그 흔한 돌 사진 하나 없습니다.

그런데 태어난 지 얼마 안 되어 제가 이유 없이 시름시름 앓다가 죽어버렸다고 합니다. 그때 아버지는 죽은 제가 너무 불쌍해서 울며 나무로 작은 관을 하나 짜주었습니다. 그 당시 아버지가 산판이라고 하는 나무 장사를 하고 있어서 다른 것은 없어도 집안에 나무가 지천으로 많았습니다. 그런데 아버지가 죽은 저를 관에 넣고 못질을 하려고 하자 죽었던 제가 갑자기 살아났다고 합니다. 그래서 얼른 관에서 빼냈는데 관에서 꺼내면 거짓말처럼 숨이 끊어지고, 죽은 것 같아 다시 관에 넣으면 다시 숨을 쉬기를 여러 차례 반복했다는 것입니다.

그래서 살면 살고 죽으면 죽을 운명이다 싶어 아기를 광목 수건으로 둘둘 말아 윗목에 밀어두었는데 기적처럼 다음 날 아침까지 살아있었고, 오래된 동네 한의원에서 지어준 환약을 개어 먹이자 파랗게 죽어가던 제가 다시 숨을 편하게 쉬며 살아났다고 합니다.

그러다 어느 엄동설한에 저에게 다시 한번 죽음의 고비가 찾아왔습니다. 그 당시에는 시골 부엌과 방의 거리가 제법 멀었습니다. 어머니가 떡국을 한솥 끓여서 안방에 놓고 잠시 부엌으로 찬을 준비하러 간 사이에, 돌이 지난 제가 뒷걸음질하다가 떡국 솥에 팔꿈치를 담가버린 것입니다. 겨울이라 옷이 두꺼웠지만 뜨거운 기운에 연한 아기 팔뚝이 옷 속에서 그대로 익어버렸습니다.

아기 울음소리에 놀라 달려온 어머니는 내려가지 않는 지퍼를 칼로 찢고 나서야 옷을 벗길 수가 있었습니다. 뼈를 드러낸 채 짓무른 화상으로 저는 거의 1년을 고생하게 되었고, 상처가 나아가고 새살이 돋아나자 잠을 이루지 못할 정도의 가려움에 시달렸습니다. 그 흉터는 제 평생의 동반자가 되어 저는 평생 긴팔만 입는 신세가 되었습니다.

가난한 식당집 아들

매일같이 집으로 빚 독촉 고지서가 날아들었고, 명절에도 온 가족이 다 함께 밥을 먹어본 적이 없을 만큼 가난했기 때문에 어릴 때부터 저의 목표는 오직 성공, 오직 돈이었습니다. 형님들도 저에게 꼭 판검사가 되어야 한다고 수없이 말했습니다. 저는 항상 이겨야만 했습니다. 형이든 동생이든 친구든 누구와 싸우든지 무조건 이겨야 했고, 어쩌다 밖에서 맞고 들어오는 날이면 형들이 싸움하는 기술을 가르칠 만큼 치열한 문화와 가정 환경에서 자랐습니다.

제가 다섯 살 때 아버지는 온 가족을 이끌고 서울로 상경하였습니다. 칠 남매와 부모님, 아홉 식구가 정착한 곳은 서울 도봉구 쌍문동이었습니다. 단칸방에서 대가족이 김밥처럼 일자로 겨우 누워 자야만 했습니다. 밤중에 소변이라도 보고 돌아오면 금세 누울 자리가 없어지지만, 어떻게든 자리를 비집고 들어가 다시 잠을 청해야 했습니다.

형들은 각자 치열하게 일했습니다. 군대에 입대한 형, 운전학원에 다니는 형, 어린 나이에 자전거로 합판을 실어나르던 형도 있었습니다. 칠 남매 중 셋째인 하나밖에 없는 누나는 억척스럽게 직장생활을 하여 그 당시 돈 2백만 원을 모아 집을 마련할 정도가 되었습니다. 제가 국민학교(지금의 초등학교)에 입학할 무렵에는 집안이 어느 정도 안정을 찾아갔습니다.

그런데 살림을 도맡아 하시던 어머니가 이유 없이 시름시름 앓기 시작하셨고 병원에 가도 병명을 알 수 없어 계속 누워 계셨는데, 신기하게도 무슨 일로 시골 고향에만 내려가면 몸이 가뿐해지셨습니다. 그래서 형제들과 부모님은 중요한 결단을 하게 되었습니다. 누나가 모은 돈으로 서울에 집을 장만하지 않고 낙향하여 거기서 작은 식당집을 사게 된 것입니다. 그때부터 어머니는 식당을 운영하게 되었습니다.

너무 일찍 철이 든 아이

저는 부모님과 함께 국민학교 1학년 2학기에 다시 시골로 전학을 오게 되었고, 그때부터 식당집 아들로 살아가게 되었습니다. 그러나 육 남매는 모두 객지에 남아 각자 공장, 목재소, 차량 정비소 등에 취업하여 험난한 삶을 개척해 나갔습니다.

노름에 빠져 사는 아버지와 삶의 무거운 짐을 홀로 지고 살아가는 어머니 사이에서 일찍 철이 들어버린 저는 어머니를 끔찍이 생각하는 성인아이로 자라게 되었습니다. 저는 학교가 파하는 대로 돌아와 식당 일을 도왔습니다. 바닥을 청소하고 막걸리를 나르고 부엌에서 쓰는 칼을 직접 갈기도 했습니다. 모두 어머니를 돕고 싶다는 마음 때문이었습니다.

밤낮없이 식당 일을 하던 어머니는 동상(凍傷)에 시달렸습니다. 동상은 기가 막히게 계절을 알아보았습니다. 꽃피는 춘삼월이 되면 불긋불긋하던 손이 멀쩡해집니다. 그러다가 11월 늦가을이 되면 다시 불긋불긋해지면서 심한 가려움에 시달리게 됩니다. 지금도 어머니를 생각하면 식당 한편에서 약초 뿌리 우린 물이 담긴 세숫대야에 동상 걸린 손을 담그고 있던 모습이 떠오릅니다. 그러다가 가려움을 참다 참다 견디지 못하면 손등에 부항을 뜨거나 침을 맞고 붉은 피를 쏟아내야 잠드실 수 있었습니다.

눈보라 치던 어느 추운 날, 어머니는 저를 데리고 한밤중에 침을 맞으러 길을 나섰습니다. 홀로 밤길을 걸어가기가 무서웠던 모양입니다. 그때 어머니가 자격도 없는 침쟁이에게 침 맞는 모습을 보고 저는 충격을 받았습니다. 사기그릇을 깨서 만든 것 같은 날카로운 침으로 손등을 치자 검붉은 피가 솟아났습니다. 아파야 당연한데 가려움이 얼마나 큰 고통이었는지, 어머니는 시원하다는 소리를 연발하고 계셨습니다.

돌아와 생각해보니 저도 할 수 있을 것 같았습니다. 그래서 다음 날 침쟁이에게 달려가 침을 하나 달라고 했습니다. 제가 침을 놓아드리면 어머니가 밤중에 침을 맞으러 먼길 오지 않아도 된다고 우기자 침쟁이는 대꾸도 없이 기막혀 했습니다. 삼 일을 졸라도 들어주지 않자 그러면 사기그릇을 깨서 침 만드는 방법을 알려달라고 했습니다. 가려움으로 고통스러워하는 어머니를 도와드리고 싶은 간절했던 제 모습이 대견하면서도 구슬픕니다.

첫 번째 찾아온 구원의 기회

기억을 더듬어보니, 제 인생에서 구원을 얻을 수 있는 기회가 두

번 있었습니다. 제가 초등학교 4학년 즈음 우리 동네 우체국에 예수를 믿는 누나가 전화 교환원으로 오게 되었습니다. 그 누나가 우리 식당에 밥을 먹으러 다니다가 저를 전도한 것입니다. 사실 저는 교회에 아무 관심이 없었지만 예쁜 누나가 조르는 바람에 교회에 첫발을 내딛게 되었는데, 마침 여름성경학교 시즌이었습니다.

성경학교에서 찬송도 배우고, 당시에 흔치 않던 영화도 보았습니다. 그때는 몰랐는데 그 영화가 바로 '사랑의 원자탄'이라는 손양원 목사님의 일대기를 그린 영화였습니다. 배경도 모른 채 옆에서 훌쩍거리고 울자 따라 울었던 기억이 납니다. 그렇게 성경학교를 며칠 다니던 중에 누가 제 고무신을 신고 가는 사고가 생겼습니다. 교회에 새 신을 신고 가면 바꿔 신고 간다는 말이 나에게도 현실이 되었습니다.

그런데 누가 내 신을 신고 갔으면 신발이 하나라도 남아야 하는데, 마지막까지 기다려도 남는 신발이 없었습니다. 어찌할 줄 모르는 선생님들을 뒤로 한 채, 밤중에 맨발로 집으로 돌아오면서 결심했습니다. '다시는 교회에 안 간다.' 교환원 누나가 와서 아무리 설득해도 제 고집을 꺾지 못했습니다. 그 사건은 어린 나에게 적지 않은 상처가 되어 교회를 더 멀리하는 계기가 되었습니다.

22명 친구들의 전도

아주 짧은 교회생활이 남긴 좋지 않은 추억으로 저는 교회와 더욱 멀어졌고 교회를 경멸하는 사람이 되었습니다. 교회라면 무조건 싫었습니다. 할 일 없는 사람이나 교회에 다니고, 장로님들이 교회에서 월급 받는 줄 알았고, 헌금은 목사가 다 가져가는 줄 알았습니다. 절이나 교회나 무당집이나 성당이나 차이가 없다고 생각했습니다.

이런 영적 박토에서 자란 무지렁이인 나를 건져주시기 위해 하나님께서 저에게 22명의 친구들을 붙여주셨습니다. 나 같은 게 뭐라고, 22명이 저를 찾아와 기도하고 전도하기 시작했습니다. 그런데 저를 이기지 못했습니다. 제가 똑똑해서가 아닙니다. 저는 보는 것만 믿는 사람이니까 보이지 않는 하나님을 믿는 사람이 논리로는 저를 이길 수 없기 때문입니다. 오죽하면 이런 말을 했겠습니까?

"야, 교회 십자가에 피뢰침 있지? 교회 십자가에 피뢰침이 왜 있냐? 하나님이 벼락으로부터는 안 지켜줘서 교회 십자가에 피뢰침을 세워둔 거냐? 벼락 무서워서, 벼락 피하려고 피뢰침 달잖아! 가라. 쓸데없는 소리 하지 말고 가!"

친구들이 올 때마다 그렇게 쫓아내는데도 친구들도 포기하지 않고 끈질기게 찾아와 전도했습니다. 세 번, 네 번, 다섯 번, 어느 순간 제 마음속에 틈이 생겼습니다. 제가 아무리 나이가 어리고 강퍅하고 못나고 부족한 사람이라 할지라도 두 가지만은 분명히 알 수 있었습니다. 첫째, 이 친구들이 누가 시켜서 이렇게까지 전도하는 것이 아니라는 것과 둘째, 제가 교회에 간다고 해도 이들에게 아무 이득도 없다는 것입니다.

그러자 그 틈에 성령께서 역사하시기 시작했습니다. 그리고 제 입에서 "알았어. 한 번만 갈게"라는 말이 나왔습니다. 약속을 하고 나서 그날로 토요일 중고등부 예배를 드리기 시작했는데, 그날부터 제 인생이 변화되기 시작했습니다. 사실 처음 교회에 간 날부터 6개월은 아무 생각 없이 친구들을 따라서 다녔습니다. 안 나가면 다시 귀찮게 할까봐 다닌 것입니다. 그러다가 그해 여름 성령님이 제게 오셨고 저에게 성령의 불을 주셨고 그 불이 지금까지 제 안에 있습니다. 교회에 다시 발을 내디딘 이후로 지금까지 예배가 지속되고 있습니다.

예수 이름으로 귀신을 쫓아내다

제가 다닌 국민학교(초등학교)에는 반이 하나밖에 없었습니다. 그래서 친구들과 6년 내내 같이 지냈는데, 그중에 간질병(뇌전증의 전 이름)에 걸린 친구가 있었습니다. 그 친구가 발작을 시작하면 선생님이 늘 업어주고 다독거려주고 진정시켜주곤 하셨습니다.

발작을 하면 경련을 일으키며 넘어집니다. 눈이 뒤집어지고 입에 거품을 물고, 그러다가 5분 정도 지나면 다시 정상으로 돌아오는데, 본인은 의식이 없기 때문에 무슨 일이 있었는지 기억하지 못합니다. 그렇지만 번번이 민망한 모습으로 깨어나다보니 마치 죄인처럼 조용히 눈치를 보며 자기 자리에 앉곤 했습니다. 계속 같은 반이다보니 그런 모습을 수시로 보게 되었습니다.

결국 그 친구는 중학교에 진학하지 못하고 객지로 나가버렸습니다. 그런데 제가 고등학교 1학년이 되었을 때 그 친구가 4년 만에 시골 교회에 나타났습니다. 얼굴은 시커멓게 멍이 들고 몸도 빼빼 마른 상태로 교회에 나왔는데 병이 더 심해진 것 같았습니다.

그 당시 시골 교회는 신학생 전도사님이 목회를 하다가 안수를 받으면 도시로 떠나가고는 했습니다. 그래서 저는 시골 교회에서 축도를 받아보지 못했습니다. 예배는 항상 주기도문으로 끝마쳤습니다. 목사님이 안 계셨기 때문입니다. 나중에 제가 세례를 받게 되었을 때는 알지 못하는 외지 목사님이 저에게 세례를 주기 위해 일부러 오셔서 세례를 주고 가셨습니다.

문제는 그 친구가 교회에 왔을 당시, 전도사님이 안수를 받고 도시로 떠나 그다음 후임 교역자가 오지 않은 상태였다는 것입니다. 장로님도 안 계셨기 때문에 설교도 어느 집사님이 하고 있었는데, 그 친구가 예배를 드리다가 갑자기 발작이 와서 쓰러져 뒹굴기 시작한 것입니다. 좁은 동네이니 어느 집 딸인지, 무슨 병인지 다 아는 어른들은 혀를 끌끌 차며 하나둘 이미 자리를 떠난 상태였습니다.

그래도 저와 친구들은 같이 학교를 다녔던 친구니까 그를 위해 기도하기 시작했습니다. 그런데 기도하다가 느닷없이 제 마음속에 말씀이 휙 지나갔습니다.

예수께서 그 아버지에게 물으시되 언제부터 이렇게 되었느냐 하시니 이르되 어릴 때부터니이다 귀신이 그를 죽이려고 불과 물에 자주 던졌나이다 그러나 무엇을 하실 수 있거든 우리를 불쌍히 여기사 도와주옵소서 예수께서 이르시되 할 수 있거든이 무슨 말이냐 믿는 자에게는 능히 하지 못할 일이 없느니라 하시니 곧 그 아이의 아버지가 소리를 질러 이르되 내가 믿나이다 나의 믿음 없는 것을 도와주소서 하더라 막 9:21-24

그리고 제 마음속에 이런 생각이 떠오르기 시작했습니다.

'이것은 그냥 병이 아니고, 우연한 일도 아니고, 귀신의 역사로 이 아이가 인격적으로 장악당해 괴롭힘을 당할 수도 있는 거다. 누가 불에 뛰어들고 물에도 뛰어들고 싶겠는가? 귀신이 들려서 자신의 의지와 상관없이 불에도 던져지고 물에도 던져진 것이라면 지금 이 친구 역시 어떤 존재가 그 안에서 그를 뒹굴게 하고, 쓰러지게 하는 것이 아닌가?'

저는 이전에 귀신을 내쫓는 것을 본 적도 없고, 들은 적도 없습니다. 그런데 말씀으로 내 안에 이 믿음이 생기니까 기도하다가 말고 그 친구를 일으켜 세웠습니다. 그리고 이렇게 꾸짖었습니다.

"내가 너에게 꾸짖는 것이 아니고, 네 안에 다른 영이 있다면 그 귀신에게 꾸짖는데, 너는 예수의 이름으로 나와라!"

예수 이름으로 나오라고 부르짖었을 때 갑자기 그 친구의 몸이 굳어지더니 입을 열어서 말을 하기 시작했습니다. 나오라고 불렀지만 진짜 귀신이 나오자 저도 깜짝 놀랐습니다. "너는 누구냐?"라고 물으니까 아홉 명의 이름을 대기 시작했습니다. 그러니까 한 사람의 인격 속에 아홉의 영이 있었던 것입니다.

제가 다시 한번 "이 시간에 예수의 이름으로 떠나가라"고 외치니까 그 자리에서 90도로 나가떨어졌습니다. 그 당시 교회 바닥은 학교처럼 마룻바닥이었고 방석을 깔고 앉아 예배드리게 되어 있었습니다. 그가 쓰러지면서 쿵 소리가 나는데 저는 그 친구가 머리가 깨져서 죽는 줄 알았습니다. 그런데 조금 이따가 그 친구가 일어나는데 눈동자가 제자리로 돌아오고 얼굴에 어둠이 없어지더니 그날 이후 간질병에서 완전히 해방되었습니다.

전부 주님이 하셨습니다. 저는 그 일을 통해서 성경에 기록된 모든 말씀이 살아서 움직인다는 것을 깨달았습니다. 하나님이 계시고, 귀신도 있고, 예수 이름의 능력이 얼마나 대단한지도 알았습니다. 그 사건은 제 인생을 바꿔놓았습니다. 그리고 저에게 꿈이 생겼습니다. 하나님이 진짜 살아계신 것을 깨달으니 인간이 할 수 있는 가장 귀하고 좋은 일이 무얼까 고민하다가 목사가 되어야겠다고 결단한 것입니다. 하나님이 살아계시니까 당연히 하나님이 보시기에 가장 가치 있는 일을 해야겠다는 결론에 이른 것입니다. 그때가 고1이었습니다.

온통 교회 생각뿐이던 시절

저는 그동안 주님을 떠나 살며 교회를 배척하고 백안시했던 시간을 회개라도 하듯이, 교회에 푹 빠져 살았습니다. 제 속에는 온통 교회 생각뿐이었습니다. 고등학교에 입학하여 객지에서 생활하면서도 주일이면 교회에 가기 위해 매주 토요일에 시외버스를 타고 일찍 집으로 돌아왔습니다. 집에 도착하면 밥을 먹는 둥 마는 둥 하고 바로 교회로 달려가 교회 청소를 했고, 잉크를 바른 등사기로 학생부와 장년부 주보를 만들었습니다.

그 당시 장소 문제로 토요일 밤에 중고등부 예배를 드렸기 때문에 집에 돌아와 씻고 또다시 저녁에 교회에 가서 중고등부 예배를 드리고 나서 기도까지 마치면 밤 11, 12시는 예사였습니다. 그리고 주일 아침 일찍 교회학교 교사를 하고 11시 예배까지 참석하고 집으로 돌아와 점심을 먹고 하숙집으로 올라갈 준비를 했습니다.

교회를 떠나는 것이 못내 서운해서 교회를 다시 둘러보고 기도한 다음 집에 가서 짐을 싸서 다시 교회에 가본 후에 하숙집으로 출발했습니다. 그때부터 교회는 내 인생의 전부가 되었습니다. 여름 수련회 기간이 되면 교무실에 불려가 매를 맞고 망신을 당하는 한이 있어도 여름에 있는 학교 보충학습을 빼고 수련회에 참석했습니다.

교회만 다니면 예수님을 모른다

그 당시 고3은 주일에도 학교에 등교해서 자율학습에 참여해야 했습니다. 당시에는 학원 다니는 것이 불법이던 시기이기에, 고등학교 시절 내내 밤 12시까지 학교에서 야간자율학습을 하게 되었고, 고3이 되면 주말에도 학교에 나가야 했습니다.

그러나 저는 주일에 학교에 나오라는 선생님의 말씀을 절대로 따를 수가 없었습니다. 이미 유별나게 예수를 믿고 교회를 다니며, 장래 희망이 목사라는 것을 알았던 담임선생님은, 급기야 하숙집에 가정방문을 오셔서 담판을 지으려고 하셨습니다. 선생님은 저 하나를 예외로 두면, 다른 학생들도 이런저런 핑계로 주일에 학교에 안 나오게 될 것을 걱정하셨던 모양입니다.

선생님은 저를 설득하시며 "하나님도 다 이해하신다. 고3 1년만 예배를 쉬고 공부를 해서 네가 원하는 신학대학에 들어가서 훌륭한 목사가 되면 네가 믿는 하나님도 다 용서하실 것이다"라는 그럴듯한 말씀을 하셨지만, 그 말을 듣고 저는 이렇게 대답했습니다.

"제가 목사가 되려고 하는 것은 다 하나님을 위한 것입니다. 그런데 하나님이 명령하신 주일성수를 어기면서까지 목사가 되면 무엇하겠습니까? 그러면 하나님께서 목사를 시키시지도 않겠지만, 주일을 어기면서까지 신학대학에 가서 목사가 되면 무엇하겠습니까?"

그러나 순순히 물러날 선생님이 아니었습니다. 나름 비장의 카드를 내미셨습니다. "이놈아, 나도 예전에 교회학교 부장이었어!"라고 하시는데 저는 이 말을 듣고 깜짝 놀랐습니다. 술고래로 소문이 나고 항상 코가 벌게 있던 선생님이 예전에 교회학교 부장이었다니….

"그런데 왜 지금 교회에 안 다니십니까?"

이제는 입장이 바뀌어 제가 큰소리를 치고 있었습니다.

"이놈아, 교회에서 싸우며 칼부림을 하더라. 내 눈앞에서 손목이 잘려 나갔어. 교회에서 칼부림을 하는데 거기에 어디 하나님이 계시냐? 그래서 나는 그 뒤로 교회에 담쌓았다. 하나님은 없어!"

그러자 제가 단 1초도 망설이지 않고 이렇게 응수했습니다.

"선생님은 교회만 다니신 거지, 진짜 예수 믿는 사람은 아니었습니다. 정말 예수를 믿었다면 그런 일이 있고 나서 교회를 옮길 수는 있지만, 지금도 예수를 믿고 어느 교회든지 다니고 계셨어야 합니다."

제 말에 논리적으로 반박할 수 없었던 선생님은 입만 벌리고 허공을 응시하다가 말없이 자리를 뜨셨습니다. 아마 이 녀석은 도저히 안 되겠다고 포기하신 것 같았습니다.

그 뒤로 저는 주일 오전에 교회에 갈 수 있는 자유를 얻었습니다. 11시에 주일예배를 드리고 나서 혼자 교문을 지나 학교로 올라가다 보면 제 동기들이 점심을 먹고 쉬면서 뒤늦게 혼자 등교하는 저를 동물원 원숭이 쳐다보듯 신기하게 쳐다보았습니다. 그렇게 저는 예수 골수분자로 낙인이 찍혔습니다. 그러나 그 뒤로 반에 숨어 있던 교회 다니던 친구들이 저를 찾기 시작했습니다. 그리고 주일을 지키지 못하는 반 친구들과 주일 점심시간에 함께 성경을 읽고 잠깐의 예배를 드리게 되었습니다.

최고의 것을 드리겠다는 선언

제가 신학대학에 진학할 시점에는 대학이 전기와 후기로 나누어져 있었습니다. 신앙의 배경이 전무한 저는 목사가 되겠다는 막연한 꿈만 가졌지, 어느 신학교를 가야 할지도 몰랐습니다. 마침 제가 다니던 교회가 장로교 소속 통합측이었기 때문에 저는 자연스럽게 장신대에 가기로 정해두었습니다.

문제는 집안의 반대였습니다. 배움과 가난에 한이 맺힌 가족 식구들의 반대가 만만치 않았기 때문입니다. 당시 외국에 노무자로 파견되었다가 돌아와 고향에 정착한 큰형님이 함께 살고 있었는데, 평소에는 말도 없는 양반이 제가 신학을 해서 목사가 된다고 하자 반대가 이만저만 심한 것이 아니었습니다. 한번은 술김에 저를 호통치며 달래기 시작했습니다. "남자로 태어나서 목사가 되는 것이 도대체 가당키나 하냐! 차라리 공무원을 해라." 이렇게 설득했습니다. 그러나 저의 고집을 꺾을 수는 없었습니다.

또 다른 문제는 당시 대학 입시가 전기와 후기로 나누어 치러질 때인데 제가 진학하려는 장신대는 공교롭게 후기였습니다. 이 사실을 알게 된 가족들이 저를 다시 설득하기 시작했습니다. 일단 전기를 보고 전기에서 떨어지면 하나님의 뜻으로 생각하고 후기에 신학대에 가라는 것이었습니다. 교회도 안 다니던 사람들이 하나님의 뜻을 운운하니 속으로 웃음이 나왔지만 저는 이렇게 맞섰습니다.

"하나님은 최고의 것을 원하십니다. 최고의 시간, 최고의 헌신, 최고의 희생을 받으시는 것이 당연한데, 전기에 붙으면 신학대에 안 가고, 전기에 떨어졌으니 하나님의 뜻으로 알고 신학하겠다고 하면 하나님이 좋아하시겠어요? 나는 절대로 그런 식으로 대학을 가지 않겠습니다."

이렇게 선언하자 마침내 저의 고집대로 전기에 시험을 치르지 않고 한 달쯤 지나서 후기에 시험을 보았습니다.

평생의 중보자를 만나다

하나님의 은혜로 신학대학에 합격한 후 저는 시골 교회에서 열린 부흥회 때 찬송 인도를 하게 되었습니다. 처음 교회에 나간 날부터 저는 찬송에 매료되었습니다. 목이 쉬도록 찬송을 부르고 기도하느라 변성기 때 목소리가 자주 잠기고 쉬기도 했습니다. 마땅히 찬송 인도할 사람이 없다고 해서 고1 때부터 우연히 찬송 인도를 하게 되었는데, 그때 내 안에 찬송 인도의 은사가 있음을 알게 되었습니다. 그래서 중고등부, 어른 예배에서도 종종 찬송 인도를 했으며, 특히 부흥회 때는 찬송 인도를 도맡기도 했습니다.

시골 선배 누나가 반주하는 옛날 풍금 하나에만 의지해도 찬송에 큰 은혜가 임하곤 했습니다. 이웃 교회 부흥회에 참석했다가 불려 나가 찬송 인도를 한 적도 있었습니다. 그러다가 서울로 진학하게 되었으니 시골 교회 부흥회에서는 마지막으로 찬송 인도를 하게 된 것입니다. 그래서 더 최선을 다하고 싶었습니다.

부흥회 시간마다 은혜가 넘쳤습니다. 그런데 찬송을 인도하면서 유독 제 눈에 들어오는 한 분이 계셨습니다. 뒷자리에서 지칠 줄 모르는 열정으로 쉬지 않고 기도하는 낯선 여인을 보게 된 것입니다. 이 분은 새로 부임하신 시골 교회 목사님 사모님의 지인이셨는데, 갓 부임한 교회에서 부흥회를 한다는 소식을 듣고 그 기간 동안 중보기도를 해주기 위해 멀리 부산에서 오신 분이었습니다.

그때 저에게는 적지 않은 고민이 있었습니다. 그것은 우리 어머니와 가족들이 아직 한 사람도 교회에 나오지 않고 있었다는 사실이었습니다. 그런 상황을 다 아시는 교회의 어르신들이 저를 아끼고 염려하셔서 걱정하기 시작했습니다. "험한 목회의 길을 가려는데, 기도로 뒷받침해주는 사람이 없어서 어떻게 하느냐." 그 염려의 소리를 반복해서 듣다보니 제 안에서도 자연스럽게 기도의 제목이 되었습니다. 그러나 현실적으로 방법이 없었습니다. 어머니는 식당 일에 매여 교회에 나올 형편이 안 되었습니다(어머니를 전도하여 교회에 나오게 하려고 울고 사정도 하고, 작정하여 기도도 하고, 한때는 단식투쟁도 했지만, 잠시 나올 뿐 다시 원래의 자리로 돌아가던 상황이었습니다).

그런데 내 평생에 기도의 어머니를 거기서 만나게 된 것입니다. 그 집사님은 저를 처음 보자마자 저를 위해 한 달간 철야기도를 하겠다고 하셨습니다. 처음 보는 사람을 위해 한 달이나 철야를 하다니 믿기지 않았지만, 그 분의 눈빛과 며칠간 기도하던 모습을 보고 결코 터무니없는 말이 아니라는 것을 알 수 있었습니다.

그때 저는 천군만마를 얻는 느낌이 들었습니다. 마침 그 분의 장남이 저와 같은 또래라서 그 분이 어머니 같았고 그 분도 제가 아들 같은 생각이 더 들었던 것 같습니다. 그 분과의 만남은 단순한 만남이 아니라 평생의 기도의 탄약고, 기도의 은행을 만난 것과 같았습니다.

그 중보기도의 헌신과 눈물은 지금까지도 계속되고 있습니다. 그 분은 남편이 먼저 하나님의 부름을 받았을 때도 제 바쁜 목회 일정을 생각해서 연락하지 않았고, 막내아들을 먼저 가슴에 묻고도 내색 한번 하지 않고 기도의 끈을 놓지 않던 분으로, 그야말로 기도의 산 순교자로 살고 계십니다.

평소에 찾지 않아도 힘들고 어려울 때 부모를 찾고 하나님을 찾듯이, 지금도 중요한 결정을 앞두고, 사탄의 공격이 밀려올 때 먼저 기도의 부탁을 드리는 분입니다. 그런데도 단 한 번도 섭섭함이나 꾸지람이 없이 묵묵히 기도해주시기를 어언 35년이 흘렀습니다.

chapter 02

나의 사랑하는 교회

오물을 뒤집어 쓴 지하 교회

저는 저에게 심장이 두 개 있다고 말합니다. 한쪽 심장에는 '오직 예수' 복음이 자리하고 있고, 한쪽 심장에는 '교회'가 존재한다고 고백합니다. 그만큼 교회는 제 모든 것이 되었습니다. 현재 목사가 되었다고 해서 이렇게 고백하는 것이 아닙니다. 종종 '내가 평신도로 살았다면 나는 교회와 목회자를 어떤 마음으로 어떻게 섬기고 있을까?' 자주 생각해봅니다. 그럴 때마다 제 결론은 항상 같습니다. 목회자가 된 지금보다 더 교회를 사랑하고, 더 목회자를 존중했을 거라고 말입니다. 교회는 저에게 단순한 사역지 이상의 가치가 있었습니다. 신학대학을 다닌 것도, 사실은 신학 공부를 하기 위해서가 아니라 목사가 되어 교회를 섬기기 위한 과정이었을 뿐입니다.

신학대학에 들어가서 군에 입대하기 전까지 개척교회에서 2년을 섬겼습니다. 예배 때마다 찬송 인도, 교회학교, 중고등부, 청년부 예배 인도와 성경공부 그리고 종종 주어지는 장년부 말씀까지 정말 정신없이 한 주간, 한 달을 보내게 되었습니다. 그런데 교회와 학교가 멀다보니 교회에 더 많은 시간을 드리기 위해 저는 학교 기숙사에 들어가지 않고, 그 대신 눈칫밥을 먹으며 친척집에서 2년을 지냈습니다. 오고 가는 전철 등하굣길, 믿지 않는 친척집에 얹혀사는 고통도 주님의 교회를 섬기는 기쁨을 넘어서지 못했습니다.

한번은 여름방학이 되어 새벽기도를 나갔는데, 햇빛 한 줌 들어오지 않는 보증금 5백에, 월세 18만 원인 지하 교회에 장마로 하수구가 넘치는 바람에 지하 성전에 오물이 가득하게 되었습니다. 의자도 없이 스티로폼을 바닥에 깔고 그 위에 장판을 깔고 예배드리던 성전이었는데, 새벽에 들이닥친 물 때문에 어쩔 줄 몰라 하시던 목사님 내외분과 같이 바닥을 걷어내고 청소를 시작했습니다. 환풍도 안 되고 햇볕도 안 드니까 지독한 냄새가 수개월이 지나도 빠지지 않았습니다. 그러나 저는 그 냄새에 금세 익숙해졌습니다. 그곳은 여전히 세상에서 가장 소중한 하나님의 성전일 뿐이었습니다.

여름성경학교 시즌이 되면 교사들과 함께 저녁까지 거르면서 연합강습회에 참석하여 율동을 배우고 공과를 배워서 자체 강습회를 하고 성경학교를 준비했습니다. 북을 치면서 끈으로 전도열차를 만들어서 동네를 한 바퀴 돌며 아이들을 납치해서(?) 돌아오면 수십 명을 모아서 예배를 드릴 수 있었습니다. 지하에서 에어컨도 없이 성경학교를 하다보면, 아이들과 교사들 모두 땀범벅이 되고, 아이들을 찾으러 온 부모님들에게 한바탕 욕을 먹었지만, 저는 다음날에도 또

북을 치며 전도하러 나갔습니다.

그 무렵 저는 삼각산에 올라가 산기도를 시작했습니다. 토요일 마다 삼각산 아래 있는 다락방 기도원 겸 교회에서 집회가 열렸는데 그 집회에 참석하며 큰 은혜를 받았습니다. 목사님의 신령하고 깊은 설교를 들었고 더욱 기도에 힘쓰곤 했습니다. 기도하면서 얻은 체험들과 영적인 경험들을 들으면 나도 그런 세계를 경험해보고 싶었습니다. 그래서 저는 방학 때나 시간이 날 때마다 삼각산에 올라갔고 기도원과 산기도를 통해서 많은 은혜를 받았습니다.

사탄의 역사를 물리치다

신학대 학부 3학년 때 새로 부임한 교회에 철야기도회가 없었습니다. 권사님과 여 전도사님 몇 분만 유아실에서 기도하기에 저는 그분들과 함께 기도하며 철야기도회를 시작했습니다. 교회학교의 메시지는 '오직 예수'였습니다. 교회학교 아이들에게 진한 복음을 전하자 선생님들이 먼저 깨어지기 시작했습니다. 선생님들이 기도하기 시작하자 아이들이 변화되고 초등부 교회학교가 부흥했습니다.

저는 청년부 회장 부회장 두 명과 함께 성경을 공부하고 기도하면서 떠난 청년들을 일일이 만나 다시 전도하기 시작했습니다. 어떤 청년은 맥주집에서 만나자고 했는데 저는 기꺼이 찾아가서 맥주집에서도 전도했습니다. 몇 번을 찾아가서 만나자 스스로 토요 청년 모임에 나오겠다고 해서 어느덧 20여 명이 모이게 되었습니다. 우리는 더 본격적으로 기도하기 시작했습니다. 통성으로 부르짖어 기도했을 때 청년들이 성령을 받고 변화되기 시작했습니다.

물론 많은 영적 전쟁을 치러야 했습니다. 저는 청년들과 영적 세계에 대해 나누어야 할 필요를 느꼈고 사탄과 귀신의 정체와 영적 전쟁에 대한 성경공부를 하기로 했습니다. 공부하기에 앞서 기도를 부탁했습니다. 사탄은 자신의 정체와 하는 일을 나누는 것을 극도로 꺼리기 때문에 미리 공격을 받을 수 있으니 잘 분별하고 있어야 하며, 더 나아가 공격을 받더라도 쉽게 포기하지 말고, 더 당차게 모임에 나와야 한다고 가르쳤습니다. 그런데 첫 모임에 놀랍게도 단 두 명만 나왔습니다. 그러나 이것은 예상한 일이기에 놀라거나 실망하지 않았습니다. 오히려 참석한 두 명은 말로만 듣던 영적 전쟁의 실체를 체험하고 더욱 기도하게 되었습니다.

토요 모임과 기도회를 마치고 돌아가려고 하는데, 한 자매를 보는 순간 제 마음에 문득 이런 생각이 들었습니다. '저 친구를 그냥 보내면 오늘 죽을 수도 있겠는데….' 그래서 망설이다가 가는 자매를 돌려세웠습니다. 그런데 이 자매가 최근 3개월 동안 음식을 잘 먹지 못하는 거식증에 시달리고 있으며, 잠도 자지 못하고 있다는 것을 알게 되었습니다. 자매는 지금 죽고 싶은 생각밖에 없다고 했습니다. 이 자매와 상담을 하는데 자매가 갑자기 저를 무섭게 쏘아보기 시작했습니다. 한눈에 봐도 정상이 아니었습니다. 주변에 동료

와 친구들이 있는데도 비명과 거친 욕설을 쏟아내기 시작했습니다. 악령이 든 것입니다. 예수 그리스도의 이름으로 그 악령을 꾸짖고 저주하자 반항하기 시작했고 급기야 저를 공격하기 시작했습니다. 그러나 예수 이름의 능력을 믿고 있던 저는 그 위대하신 주님의 이름으로 악령을 몰아내기 시작했습니다. 급기야 악령이 쫓아내지 말라고 통사정을 하기 시작했습니다. 성경의 내용들이 정말 모두 사실로 드러난 것입니다. 결국 악령이 나가고 자매는 잠시 뒤에 일어나 이렇게 말했습니다.

"배고파요!"

그 자매는 그 뒤 완전히 회복되어 충성스러운 일꾼이 되었습니다. 영적 전쟁의 실체에 대해 말로만 들었던 청년들이 사탄의 역사를 직접 눈으로 보고 경험하게 되었습니다.

대학원 합격의 은혜

어느덧 학부 4학년이 되었습니다. 저에게는 거대한 산이 기다리고 있었는데 바로 대학원 진학이었습니다. 신학대학 특성상 대학원에 진학하지 못하면 목사가 될 수 없습니다. 그러나 당시로는 대학원 진학이 녹록지 않았습니다. 왜냐하면 지망생이 많았기 때문입니다. 지방 신학교 출신과 일반대학교 목회자 지망생들이 교육부 인가가 난 학교에 한꺼번에 몰려서 경쟁이 더욱 치열했기 때문에 대학원 입시에 다들 재수는 필수라고 할 정도였습니다.

　원래 신학대 학부생들의 경우 일정한 성적만 유지하면 무시험으로 대학원에 특례 입학할 수 있는 자격이 주어지는 제도가 있었는데, 마침 제가 입학할 때부터 그 제도가 없어졌습니다. 그래서 저와 같이 대학원 입시를 보는 선배들의 경우 학점을 잘 관리했다면 제도의 혜택으로 시험만 보면 합격이 되지만 저는 그렇지가 않았습니다. 그래서 입시 경쟁은 더 심해졌고 공부할 양도 훨씬 많아졌습니다.

　저는 학부 기간 내내 계속해서 사역에 전념해왔기 때문에 공부에 매진한 동기들이나 도서관에서 살다시피 하는 선배들과 애초에 상대가 되지 않았습니다. 그렇지만 저는 교회 사역과 예배 횟수를 포기할 수 없었습니다. 저는 재수 삼수를 각오하고 동일하게 4학년 학부 시간을 보냈습니다. 그리고 마침내 시험을 치르고 대학원 합격자 발표 명단에서 제 이름을 발견했을 때 저는 정말 믿기지가 않았습니다. 몇 번이나 눈을 비비고 보았지만 제 이름이 분명히 있었습니다. 신학대학원의 입학 역시 오직 하나님의 은혜였습니다.

돌아올 수 없는 길을 나서다

　대학원에 들어간 저는 학교 동아리 모임을 통해 매일 정오의 기도를 드렸고, 여름방학에 동료 후배들과 함께 지방 사역을 지원하기도 했습니다. 팀을 꾸려서 여름성경학교와 저녁 부흥회를 인도했는데 한번은 전라북도 고창으로 사역을 떠났습니다. 신학생들로 구성된 우리는 낮에는 여름성경학교를 열었고 저녁에는 어른들을 대상으로 부흥회를 했습니다. 저녁 부흥회에서는 제일 연장자인 제가 강사를 맡았습니다.

둘째 날 저녁 집회를 하고 기도하는데 아픈 사람은 나오라고 하자 크고 작은 병을 가진 사람들이 나왔습니다. 그중에 무려 20년이 넘게 불면증으로 괴로워하던 집사님이 몸이 퉁퉁 부어서 나왔습니다. 그 집사님을 위해 간절히 기도하는데, 그 입에서 욕이 나오더니 악한 영이 정체를 밝히고 나왔습니다. 그러나 예수님의 이름으로 명하고 쫓아내자 그 몸에서 악한 영이 떠나갔습니다. 퉁퉁 부어 있었던 집사님은 눈으로 보기에도 확연히 정상이 되었고 얼굴에 화색이 돌았습니다.

다음 날 마지막 집회를 앞두고 있을 때 목사님이 저를 청하여 같이 심방을 가자고 했습니다. 심방을 간 곳에는 중풍으로 4년을 누워 있는 분이 계셨는데, 집안에는 악취가 진동했고 살림살이가 어지럽게 널려서 긴 병에 지친 흔적이 묻어났습니다. 복음을 전했지만 언어 마비까지 온 집사님의 남편은 대답도 할 수가 없었습니다. 저는 목사님과 의논하여 그 분을 업어서 교회 봉고차에 태워 예배당에 눕혀놓았습니다. 마지막 집회에서 함께 기도하고 중풍 걸린 집사님의 남편에게 안수하자 그 분이 자리에서 일어났고, 예수님의 이름으로 명하여 걷게 하니까 자리를 박차고 걷기 시작했습니다. 나중에는 예배당 곳곳을 뛰어다녔습니다. 그 광경을 본 성도들은 하나님께 영광을 돌렸습니다. 집회는 새벽까지 이어졌고 치유된 성도는 기뻐하며 맨발로 집으로 돌아갔습니다. 집에서 모시고 나올 때 신발을 챙기지 못하고 업고 왔기 때문입니다.

휠체어에 앉아 이 광경을 지켜보던 할머니가 기도받기를 원해서 우리가 다시 믿음으로 기도하고 예수님의 이름으로 일어나기를 명했지만, 이 할머니는 끝내 일어나지 못했습니다. 결국 치유는 주님이 하신다는 사실을 확인할 수 있었습니다. 성도들의 환대를 뒤로 하고 다시 장신대 기숙사로 돌아올 때 고속도로 휴게소에서 김일성이 사망했다는 속보를 접한 기억이 아직도 어제 일처럼 생생합니다.

대학원을 다니면서 옮긴 교회가 내분으로 시끄러워지는 것을 목격하기도 하고 여러 사건을 겪었지만 목사가 되려는 나의 의지를 꺾지는 못했습니다. 그리고 마침내 1999년 5월 4일 목사 안수를 받았습니다. 그야말로 돌아올 수 없는 길에 들어서고 만 것입니다. 그 뒤로 약 6년의 부목사 생활을 마감하고, 2005년 6월 개척하게 되었을 때 제 나이가 38살이었습니다.

교회 건축과 개척 사이에서

제 심장에는 '교회'가 있었습니다. 목사가 되어야겠다고 결심한 고등학교 시절부터 제 심장에 디자인된 교회를 이루고 싶었습니다.

주변에서도 개척을 격려해주었고 저도 크게 두렵지가 않았습니다. 그러나 그것은 저의 큰 착각이고 오만이었습니다. 준비가 다 되었다고 생각했는데, 오랜 시간 사역의 경험도 쌓았다고 생각했는데, 마음의 각오도 개척교회의 현실 앞에서는 무용지물이었습니다.

개척은 비교적 쉽게 시작되었습니다. 부목사로 섬기던 교회의 배려로 개척 지원도 받았고 교회에서 성도들도 보내주셨습니다. 그리고 상가 교회가 아닌 건축 중인 교회에서 시작할 수 있는 특혜도 누렸습니다. 그 배경은 섬기던 교회 안수집사님의 소개로 교회를 짓고 있다는 분을 만나면서 시작되었습니다. 자신의 재산을 드려서 건축한다는 말을 듣고, 저는 놀랍기도 하고 두렵기도 했습니다. '이런 분이 호락호락 나의 목회를 도와줄까?' 하는 생각이 들었기 때문입니다. 그러자 그는 자신은 건축을 끝내고 교회를 떠나겠으니 소신있게 목회하라고 말했고 저는 그 말에 설득되었습니다.

일은 일사천리로 진행되어 담임목사님이 광고하고 2주 만에 함께 나온 성도님들과 함께 개척예배를 드리게 되었습니다. 주변에서 다들 하나님이 하셨다고 할 만큼 모든 것이 순조로웠습니다. 그러나 그렇게 우려하던 일이 발생하고 말았습니다. 교회를 건축해서 하나님께 봉헌하겠다던 사람이 본색을 드러낸 것입니다. 교회는 금세 100여 명이 넘게 부흥했지만, 제 마음은 하루도 편할 날이 없었습니다. 교회 건축업자는 교회를 건축한다는 이유로 성도들에게 함부로 했고, 목회에도 간섭하기 시작했습니다. 개척에 동참한 성도들은 모든 것을 오직 교회와 목사를 위해서 참고 또 참았습니다. 그러나 뒤늦게 교회에 등록한 새신자들은 이런 교회의 내막을 자세히 알지 못했습니다.

교회를 건축해서 하나님께 드리고 떠나겠다고 장담한 이는 돈이 없어서 쩔쩔매기 시작했습니다. 그러나 저에게 돈을 요구할 상황도 아니었습니다. 자신이 모두 감당하고 헌당을 해야만 했습니다. 그 사이에 성도들도 저도 지쳐갔습니다. 완공되어야 할 성전이 이런저런 핑계로 완공되지 못했고, 저는 주변의 염려와 따가운 시선에도 불구하고 사실대로 말도 못하고 기도만 했습니다. 그럴수록 더 목회에만 전념했습니다. 성도들이 새로 와도 걱정이 되었습니다. 훗날에 성도들이 상처 입을 것 같았기 때문입니다.

교회개척 1장 : 건축자의 손에서 벗어나다

마침내 곪았던 상처가 터져버렸습니다. 건축업자가 더 이상 건축을 못하겠다고 포기한 것입니다. 그리고 병원에 입원하는 시늉을 하더니, 저에게 교회를 인수해주면 자신은 떠나겠다고 했습니다. 문제는 먼저 시작된 건축의 상황을 알 수 없었다는 것과 그동안 건축 비용을 지불하지 못한 내역도 투명하지 않다는 것이었습니다. 개척을 지원해준 교회에서 받은 개척자금도 이미 그의 손에 넘어간 상태였습니다. 순수하지 못한 동기로 시작한 업자에게 속은 제 자신이 한

스러웠고, 개척을 돕겠다고 따라나선 순수한 우리 성도들에게 저는 고개를 들 수가 없었습니다.

결국 남아 있는 충성스러운 성도들을 분열시키는 사탄의 공격까지 시작되었습니다. 교활한 교회 건축자는 이간질을 하며 온갖 세상적인 방법으로 저를 빈손으로 쫓아내려고 했고, 성도들을 갈라놓으려고 했습니다. 그러나 성도들은 저를 믿어주며 조금도 흔들리지 않았습니다. 저는 더 이상 이런 곳에서 목회하고 싶지 않았습니다. 성전을 그냥 내준다고 해도 있고 싶지 않았습니다. 그래서 개척지원금만 돌려주면 이유 불문하고 성도들과 함께 교회를 떠나겠다고 하고 기도만 했습니다.

그러나 교회 건축자는 개척자금도 다 쓰고 돈을 내놓지 않았습니다. 시간이 흘러 이제 성도들마저 동요하기 시작했습니다. 오직 기도, 기도밖에 할 것이 없었습니다. 교회 건축자는 그해 추수감사절을 앞둔 금요일에 마침내 돈을 마련해왔습니다. 그런데 조건은 당장 내일 교회를 비워달라는 것이었습니다. 너무 무례하고 어이없었지만 남아 있는 교회와 장차 그 교회에 다니게 될 예비 성도들을 위해서 모든 조건을 들어주었습니다. 그래서 충성스러운 개척 멤버들과 토요일에 교회 짐을 정리하고 나왔습니다. 결국 다가오는 주일에 새로운 목사를 강단에 세우고는 목회자인 저와 떠난 성도들을 온갖 허위와 거짓으로 모욕했을 것이 뻔한 일이었습니다.

2005년 추수감사절에 저는 저와 함께 교회를 나온 개척 멤버 성도들과 급하게 기도원을 빌려서 예배를 드렸습니다. 성전도 없고, 성도들도 줄어들었으나 마음만은 편했습니다. 이제 우리끼리 잘하면 되겠다고 생각했는데 더 큰 시험이 저를 기다리고 있다는 것을 그때 미처 몰랐습니다.

교회개척 2장 : 내부 갈등

50여 명의 성도들과 함께 기도원에서 기도회와 예배를 드리며 교회를 찾아 새로운 상가를 찾아다녔습니다. 그리고 그때 알았습니다. 교회가 이토록 많지만 모든 교회가 다 사연이 있고 눈물이 있다는 것을 말입니다. 또 영광스러운 교회의 이면에는 피와 땀과 눈물이 있음을 새삼스럽게 알게 되었습니다.

부동산을 돌면서 교회를 얻고자 했지만 마땅치 않았습니다. 마음에 들면 교회는 세를 주지 않는다고 했고, 내주는 곳은 도저히 교회를 할 수 있는 건물과 상황이 아니었습니다. 아마 맨땅, 맨손이 아니라 일정한 성도와 재정이 있었기 때문에 망설여진 부분이 있었을 것입니다. 약 한 달의 시간이 흐르고 마침내 성전을 매입하였는데 세는 주지 않는다고 해서 울며 겨자 먹기로 대출을 얻어 건물을 매입하게 되었습니다. 우리는 함께 예배를 드리며 희망을 그려 나갔고 성전을 마련하고 첫 예배를 드렸습니다.

그러나 이번에는 예전에 경험한 시련과 비교도 안 되는 시련이 기다리고 있었습니다. 그것은 외부의 적이 아니라 내부의 갈등이었습니다. 악한 자의 공격과 시달림에서 해방되었으니 이제는 우리가 서로 사랑하고 존중하고 열심히 교회를 세워가면 될 줄 알았습니다. 그러나 애굽에서 나온 이스라엘 백성들이 광야에서 수없이 불평하고 원망하며 다투었듯이 인간의 죄성은 우리를 그냥 두지 않았습니다. 작은 갈등은 큰 불씨가 되었고 결국 갈라진 한쪽이 교회를 떠나고 나서야 끝이 났습니다.

평생 함께 할 것 같았던 멤버들이 울면서 교회를 떠났고, 어떤 이는 비웃으며 떠나갔습니다. 떠나간 자리는 너무 커 보였고 떠난 사람들은 남아 있는 사람들을 조롱하기도 했습니다. 한 사람이 교회를 떠나면 주변 사람들이 함께 흔들렸습니다. 지난주까지 저녁 예배 찬송을 인도하던 사람이 연락도 없이 그다음 주에 나오지 않았습니다. 교회를 떠난 것입니다. 더 가슴 아픈 것은 남아 있는 성도들은 그 상황을 짐작하면서도 제가 힘들 것 같아서 물어보지도 않는다는 점입니다. 저도 떠난 사람에 대해서 언급할 수 없었습니다. 떠난 사람에 대해서 언급하지 않는 것은 목사와 성도들에게 일종의 불문율처럼 되어버렸습니다.

지금도 개척교회에서 수년, 수십 년을 섬기다가 우리 교회에 등록하는 성도들을 보면, 그 목사님의 마음이 생각나서 가슴이 아파옵니다. 물론 눈물을 글썽이는 성도를 봐도 불쌍한 마음이 듭니다. 다시 돌아갈 수 없겠느냐고 하면 아예 교회를 안 다니겠다는 사람도 있어서 이러지도 저러지도 못합니다. 악어의 눈물이라 욕해도 좋으나 개척교회의 아픔은 그런 것입니다.

마귀의 술책과 하나님의 보호하심 사이

목사가 되고 싶었던 제가, 교회가 전부였던 제가 그 좋은 사람들이 떠나가는 것을 보면서 무력함을 느꼈습니다. 날마다 일어나는 크고 작은 일에 매달려 지쳐가는 제 자신이 한심했고, 덩달아 가슴 졸이는 아내와 자식에게 고개를 들 수가 없었습니다. 내리쬐는 오뉴월 뙤약볕 아래 저는 진짜 추워서 떨었습니다. 그러나 퇴로는 없었습니다. 포기할 수도 없었습니다. 억지웃음을 지으며 퇴근해서 잠자리에 들어도 잠은 오지 않았고, 악몽에 시달리다가도 어김없이 새벽기도를 위해 일어나야만 했습니다. 후들거리는 다리를 끌고 예배당에 가서 아무렇지도 않게 새벽 설교를 했습니다.

먹고 사는 것에 자신이 없어서, 처자식 먹여 살리는 것이 걱정되어서가 아니었습니다. 무엇을 한들 못 먹여 살리겠습니까? 문제는 성도들 간에 갈등이 생기면 어김없이 마지막에는 목사인 제 책임이 되었고, 화해시키고 일을 해결하려고 하면 할수록 갈등이 더 심해지고, 어느새 저는 한쪽 편만 드는 목사가 되어 있었습니다. 결국 한편이 떠나면 남은 한편도 남아 있는 교인들의 차가운 시선을 견디지 못해 떠나가는 일들이 계속 반복되었습니다. 그 속에서 저는 심한 자책감과 정죄감으로 떨어야만 했습니다.

새벽예배는 무거운 짐이었지만 유일한 힘의 통로가 되었습니다. 새벽에 하나님 앞에 엎드려 부르짖어 기도하면, 뜻밖에 제 입에서 감사가 나왔고 심장에는 뜨거움이 일어났습니다. 그리고 다시 해보자는 생각이 들고 나중에는 이런 힘든 환경이 감사가 되기도 했습니다.

그리고 떠난 성도들의 자리에 어느덧 새로운 사람들이 채워지고 있었습니다. 그렇게 10년이 흐르고 교회는 3억이라는 빚을 갚았습니다. 그리고 성도들은 200여 명이 되었습니다. 물론 날마다 크고 작은 전쟁이 계속되었고 그 와중에 교회는 조금씩 성장하고 있었습니다. 시간이 흘러서 생각해보니, 우리 교회는 쓰러뜨리려는 마귀의 술책과 하나님의 보호하심 사이에 놓여 있었던 것입니다.

교회개척 3장 그리고 오늘

개척 10년이 지난 2015년 어느 날, 개척해주신 목사님으로부터 전화 한 통을 받았습니다. 예전에 제가 부목사로 섬기던 교회 성전을 매각하고 새로운 성전으로 이전하였는데, 예전 성전에 들어온 교회가 10년이 지나자 어렵게 되었다는 것입니다. 그래서 저에게 그곳으로 이전할 것을 제안하셨습니다. 목사님의 마음은 감사했지만 저는 단 1퍼센트도 가고 싶은 마음이 들지 않았습니다. 일단 그 교회가 가진 부채가 너무 컸고, 지난 10년간 교회를 섬기며 겪은 일들을 생각하면서 건물보다 성도들의 변화에 초점을 두고 있었기 때문입니다.

저는 못 간다고 말씀을 드렸습니다. 그러자 이해할 수 없다는 반응이 돌아왔습니다. 그곳에 남은 성도들도 일부 있으니 앞으로 잘하면 큰 문제가 없을 것이라는 말에 달리 생각을 하게 되어 며칠 기도하고, 신뢰할 수 있는 집사님을 뵙고 이 상황을 말씀드렸습니다. 그러자 그 분은 단 1초도 망설이지 않고 용기와 확신을 주셨습니다.

"목사님, 무조건 가십시오. 온 성도들이 안 간다고 해도 목사님 혼자라도 가십시오. 그곳으로 옮기시면 무조건 부흥합니다. 목사님은 반드시 부흥합니다!" 저는 그 말에 놀라면서도 힘을 얻었습니다. 그리고 그 날 저녁 교회 리더십(당회는 없었지만 위원회가 있었다)을 소집하고 상황을 소상히 설명했습니다. 이전하고자 하는 교회가 재정적으로 어려워져서 더 이상 지탱하지 못하고 경매에 들어가면 이단이 차지할 수도 있다는 말까지 돌고 있었습니다. 이 내용들과 교회의 재정 상태를 종합해본 결과 이전해도 된다고 설명했고 위기에 처한 교회도 살리자고 했습니다.

모인 12명의 위원들 모두 찬성해주어서 그 뒤로 한 달여 만에 새 성전이자 예전에 제가 부목사로 사역했던 뿌리와도 같은 교회로 이전하게 되었습니다. 그때가 2015년 3월 1일 주일이었습니다. 그곳에 남아 있던 성도들과 우리는 완전히 하나가 되었습니다. 저 역시 모두의 목사임을 당부했습니다. 감사하게도 지금까지 단 한 건의 파당의 소리도 들려오지 않았습니다. 심지어 장로 선거에서 원 멤버 교인들이 아닌, 이전한 교회에 남아 있던 성도들이 장로가 되었습니다.

교회는 그야말로 무서울 정도로 부흥하기 시작해서 첫해에 100명의 어른 성도들이 늘더니 해마다 200명, 300명, 400명씩 늘어났습니다. 더 이상 교회에 성도들을 수용할 수 없게 되고, 주차난도 심각해졌습니다. 당회에서는 성전 이전과 건축을 두고 의논했지만 뚜렷한 해법이 나오지 않았습니다. 재정도 재정이지만 일산에 땅이 없었고 외곽으로 나가 건축하는 것도 쉬운 일이 아니었습니다. 그래서 코로나 직전에는 어른, 교회학교 합쳐서 2500명의 성도들이 좁은 성전에서 고생을 했습니다. 본당이 500석이 채 안 되고 주차장은 차를 10대도 댈 수 없는데도 주일마다 행복한 전쟁을 치르고 있었습니다. 그러다가 코로나가 한참이던 2021년 2월에 제2 성전에 입당하게 되었는데, 이 과정 역시 상가에서 이전하던 과정과 비슷했습니다. 하나님의 은혜와 성도의 기도로, 부채에 신음하던 교회가 이단에 넘어갈 상황에서 우리 교회가 이전하게 된 것입니다.

개척하면서 겪었던 시련과 아픔들은 이제 옛날 이야기가 되었습니다. 그러나 저는 제가 19년 전에 교회를 개척한 개척교회 목사임을 잘 알고 있습니다. 저는 부족하고 흠 많고 어리석은 무력한 종일 뿐입니다. 교회는 그냥 세워지지 않습니다. 안정되어 보이는 지금의 교회도 어디서 어떤 공격이 들어올지 모르는 전쟁 중에 있는 교회일 뿐입니다. 그럼에도 불구하고 교회는 믿음의 선한 싸움으로 승리할 것입니다.

PART

2

거듭나라

chapter **03**

내 영혼이 살아야 한다

마태복음 16:24-28

북한에서는 탈출했지만 다시 중국으로 팔려가 성 노예로 살아가는 젊은 북한 여성이 처음에 브로커에게 팔리는 값이 1천 위안, 한국 돈으로 약 18만 원이라고 합니다. 그런가 하면 못하는 일이 없다고 해서 '미스터 에브리띵'(Mr. Everything)이라는 별명이 붙은 세계 최고 부자 사우디아라비아의 빈 살만 왕세자는 재산이 너무 많아 정확히 얼마인지 모른다고 하죠. 추측해볼 때 수천 조에 이른다고 합니다. 이렇듯 하나님이 보시기에 똑같은 인생이라도 어떤 인생은 18만 원짜리인데, 어떤 사람은 수천 조의 가치를 매기는 인생이라고 불립니다. 참 기막힌 현실입니다.

　인간은 알다시피 육체와 영혼을 가지고 있습니다. 육체가 중요한 것 같아도 우리 육체의 물질적 가치는 사실 별것 없습니다. 몸무게가 63킬로그램인 사람의 육체의 가치가 얼마인지 아십니까? 몸무게 63킬로그램인 사람은 그 사람의 몸 안에 있는 지방으로 비누 7개, 인으로 성냥개비 2,200개를 만들 수 있다고 합니다. 마그네슘으로 설사약 한 봉지, 철 성분으로 못 한 개, 탄소로 연필심 2,000자루를 만들 수 있다고 하니까 대략 5만 원 정도라고 합니다. 그런데 정말 인간이 그 정도의 가치밖에 없는 존재입니까?

값을 매길 수 없는 영혼의 가치

예수님이 온 천하보다 귀하다고 하신 것은 인간의 자연적 육체적 물질적 가치를 말하는 것이 아닙니다. 그 사람의 사회적 지위나 그 사람의 능력의 가치를 말하는 것이 아니라 그 사람 안에 깃든 영혼의 가치를 말씀하신 것입니다. 그것은 값을 매길 수 없습니다. 왜냐하면 우주 만물 천하보다 더 귀하기 때문입니다.

탈북하여 인간 이하의 속박을 받다가 죽는 사람의 영혼이나 아프리카에서 영양실조로 죽어가는 아이의 영혼도 예수님이 볼 때는 천하보다 귀합니다. 우주 만물 천하가 가치가 없다는 말이 아닙니다. 하늘에서 떨어진 운석은 아주 작은 부분만 하더라도 그 가치가 수십억에 이른다고 하니 천하의 가치야 얼마나 크겠습니까? 상상도 할 수 없을 것입니다.

그러니까 한 영혼이 천하보다 귀하다는 것이 논리적으로 도저히 이해되지 않을 것입니다. 하지만 이런 관점으로 보면 이해가 됩니다. 우리가 자주 사용하는 컵의 가치가 큽니까? 컵을 만든 사람의 가치가 큽니까? 생각할 필요도 없이 컵을 만든 사람의 가치가 큽니다.

컵을 만든 사람만 있으면 컵은 수천 개도 만들 수 있기 때문입니다. 창조주보다 만들어진 피조물의 가치가 더 크지 않다는 것은 만고의 법칙입니다. 우주 만물과 온 천하를 창조하신 분 앞에서는 아무리 크고, 넓고, 수를 헤아릴 수 없을 정도로 신비한 우주와 만물일지라도 그것은 창조된 피조물일 뿐입니다. 우리 하나님, 즉 예수님이 우주 만물을 만드셨습니다. 그분이 마음만 먹으면 이 우주 만물을 수천 번, 수억 번 사라지게 했다가 얼마든지 다시 만드실 수 있습니다.

그런데 어찌 된 일인지 예수님이 이 땅에 친히 오셔서 우리를 위해 대신 죽으셨습니다. 우리 영혼의 가치가 얼마나 소중하길래 예수님이 대신 죽어야만 했을까요? 성경에는 적어도 예수님이 두 명을 구원하셨다고 확실하게 못 박고 있습니다. 한 사람은 예수님이 십자가에 달리셨을 때 만난 강도입니다.

내가 진실로 네게 이르노니 오늘 네가 나와 함께 낙원에 있으리라 하시니라 눅 23:43

또 한 사람은 삭개오입니다. 예수님은 삭개오의 집에 들어가셔서 분명히 말씀하셨습니다.

오늘 구원이 이 집에 이르렀으니 이 사람도 아브라함의 자손임이로다 눅 19:9

다른 여러 사람도 구원받았을 것으로 추측할 수 있는 장면은 많지만, 예수님이 적어도 이 두 명을 구원하셨다고 말씀하신 것은 틀림이 없습니다.

그럼 한 가지 예를 들어보겠습니다. 예수님의 뜻은 모든 사람이 구원받기를 원하시는 것입니다. 그런데 주님이 이 땅에 오셔서 십자가에서 자신의 귀한 생명을 버려 단 한 명밖에 살릴 수 없다면 주님이 십자가에서 죽으실까요? 죽으시죠! 그러면 예수님이 오셔서 죽으셔도 한 명도 살리지 못한다면 죽으실까요? 아닙니다. 한 명도 살리지 못하는데 왜 죽으십니까? 그러면 적어도 한 명 이상을 살릴 수 있기 때문에 예수님이 이 땅에 오셔서 죽으셨다면, 그렇게 해서 살려낸 한 영혼의 가치가 곧 예수님의 생명의 가치와 같고, 따라서 한 영혼의 가치는 우주보다 비싸고 천하보다 귀하다는 말이 맞는 것입니다.

그런데 어리석은 인간은 자신의 영혼이 얼마나 가치 있고 소중한지 모르고 자기 마음대로 살아갑니다. 예수님이 그 모습을 볼 때 얼마나 슬퍼하시는지 모릅니다.

천국은 결국 순교자가 간다

예수님은 제자들에게 이렇게 말씀하셨습니다.

누구든지 나를 따라오려거든 자기를 부인하고 자기 십자가를 지고 나를 따를 것이니라 마 16:24

예수님을 따르려면, 예수님의 제자가 되려면, 천국에 가려면, 제일 먼저 자기를 부인하라는 것입니다. 자기 고집이 있으면 절대로 구원받지 못합니다. 여러분은 자신을 부인하고 버렸습니까? 버린 것 같아도 여전히 남아 있을 수가 있습니다. 그래서 하나님이 교회를 만나게 하시고, 풍진 이웃, 가시 같은 이웃을 만나게 하시고, 그러면서 '아, 내가 아직 안 죽었고 아직 멀었구나' 하고 깨닫게 하십니다. 이 땅에 좋은 교회는 없습니다. 매주 아무리 찾아 나서도 예수님 만날 때까지 찾지 못합니다. 내 자아를 내려놔야 비로소 모든 사람과 평안하게 지낼 수 있는 것입니다.

자기를 부인하고 자기 십자가를 지고 따르라는 이 말씀에서 십자가를 진다는 것은 목에 거는 십자가 목걸이나 예배당에 걸린 십자가를 의미하는 것이 아닙니다. 진짜 죽을 각오를 하고, 교수형 당할 각오를 하고, 순교하겠다는 결단을 하고 따라오라는 것입니다.

누구든지 제 목숨을 구원하고자 하면 잃을 것이요 누구든지 나를 위하여 제 목숨을 잃으면 찾으리라 마 16:25

물론 이 말씀은 우리가 예수님을 믿으면 구원받는다는 뜻입니다.

그런데 자세히 살펴보면, 누구든지 제 목숨을 구원하고자 하면, 자신이 살고자 하면, 자기 목숨 구하자고 예수님을 버리면 사실은 죽게 되고, 반대로 어떤 일이 닥쳐도 목숨까지 포기하면서 예수님을 선택하면 죽는 것 같아도 결국 살게 된다는 뜻이 담겨 있습니다.

이 말씀을 통해서 저는 천국은 예수님을 믿는 순교자가 간다는 것을 깨달았습니다. 어떤 순교자냐 하면 '산 순교자'와 '죽은 순교자'입니다. 주기철 목사님은 일제시대에, 손양원 목사님은 공산주의의 손에 죽을 수밖에 없는 상황 속에서 목회를 하셨습니다. 그 분들은 순교할 수 있는 영성을 가지고 계셨고, 순교할 기회를 만나 결국 순교하신 것입니다. 만약 그 목사님들이 지금 이 시대에 태어나셨다면 순교자의 신념과 믿음으로 동일하게 목회를 하셨겠지만, 시대가 바뀌었기 때문에 순교는 하지 못할 것입니다.

사도 바울은 순교하였고 사도 요한은 자연사했습니다. 그 분들에게는 모두 순교를 각오하는 믿음이 있었습니다. 순교자의 신념과 믿음으로 목회를 해도 순교하지 않은 분들도 있습니다. 예를 들면 요한 웨슬레나 스펄전 목사님 같은 분입니다. 그 분들의 삶과 복음의 열정을 비교해볼 때 만일 죽을 수밖에 없는 상황이었다면 반드시 순교했을 것입니다. 《죽으면 죽으리라》는 간증으로도 유명한 안이숙 사모는 순교하고 싶었다고 했습니다. 그런데 주기철 목사님과 같은 평양 형무소에 수감되어 신사참배를 거부하며 옥고를 치르다가 해방과 함께 풀려났습니다. 그에게 순교를 각오하는 믿음이 있었지만 순교하지는 못한 것입니다. 이렇듯 순교를 한 사람과 순교하지 않은 사람이 존재합니다.

그런데 순교를 각오하는 마음을 품는 순간 이미 순교한 것입니다. 즉 산 순교자와 죽은 순교자 모두 같은 것입니다. 우리 중에도 순교할 사람과 순교하지 못할 사람이 있습니다. 자신의 목숨이 예수님보다 귀하면, 천국보다 이 땅이 더 소중하면, 우리는 순교하지 못합니다. 예수님은 지금도 우리에게 죽을 각오가 되어 있느냐고 물으십니다.

누구든지 자기 목숨을 구하고자 하면 잃게 됩니다. 누구든지 이 땅에서 살기 위해 예수님을 버리면 결국 지옥에 가게 됩니다. 그러나 누구든지 예수님을 위해 자기 목숨을 잃으면, 천국을 얻기 위해 이 땅을 포기하면 결국 천국에 가서 잃었던 목숨을 되찾게 된다는 것을 명심하시기 바랍니다.

목숨까지 버릴 수 있습니까?

사람은 중요하지 않은 것부터 포기합니다. 만약 우리가 탄 배가 난파되어 가라앉기 시작했다면 일단 물을 퍼내기 시작하고, 그래도 안 될 것 같으면 무게를 줄이기 위해 물건을 버리기 시작할 것입니다. 필요 없는 물건부터 버리고, 필요한 물건마저 버립니다. 식량도 버리고, 물도 버리고, 결국 사람까지 버리게 됩니다. 그렇듯이 천국에 가기 위해서 내 자존심을 버리고, 재산을 포기하고, 때에 따라서는 자기 부모와 처자와 형제와 자매까지 버려야 합니다. 얼마나 냉정하고 단호한 말씀인지 모릅니다.

그렇게 다 버리고 나면 유일하게 남는 것이 하나 있는데 바로 생명입니다. 아주 극단적인 경우이지만, 그 생명마저 버리는 일들이 지금도 일어나고 있습니다. 북한에서 또 이슬람에서 믿음을 지키기 위해서 직장을 포기하고, 부모를 포기하고, 자식을 포기하고, 나라를 배신하는 일들이 일어납니다. 마지막에는 목숨마저 포기합니다. 영원한 생명을 위해서 이 땅에서 누리는 일시적인 삶을 포기하는 것입니다. 우리는 이런 자들을 어리석다고 말해서는 안 됩니다. 목숨까지 버릴 수 있어야 예수님의 제자가 될 수 있습니다.

그렇다고 이 땅에서의 생명이 소중하지 않다는 말이 아닙니다. 얼라이브(alive)라는 영화를 보면 생명이 얼마나 소중한지 알 수 있습니다. 이 영화는 실화를 바탕으로 만들어졌습니다. 영화에는 우루과이의 대학 럭비팀이 비행기를 타고 가다가 안데스 산맥의 설원에 추락하게 되는데, 60여 일 동안 배고픔과 추위를 견디며 구조되기까지의 생존기가 담겨 있습니다.

문제는 그들이 극한의 상황에서 살아남기 위하여 이미 죽은 사람들의 살을 먹기 시작한 것입니다. 처음에는 다들 반대했을 것입니다. 그러나 먹지 않으면 죽을 수밖에 없는 상황에 몰리자 누군가 사체를 먹기 시작했고, 다른 사람들도 따라서 사체를 먹었고, 그렇게 해서 그들은 살아남았습니다.

그들이 구조되고 나서 어떻게 살아남았는지 전 세계 사람들이 알게 되었지만 그들을 욕하지 않았습니다. 우루과이 가톨릭 대주교도 그들이 인육을 먹었다는 사실을 비난할 수 없다는 성명을 냈습니다. 그들은 감옥에도 가지 않았습니다. 그런 상황이 닥치면 누구라도 그럴 수밖에 없다는 것을 알기 때문입니다.

생명은 그토록 중요한 것입니다. 어떻게 해서든 지켜야만 하고 상식과 윤리마저 초월하는 것입니다. 그런데 이 땅에서의 생명보다 더 소중한 것이 '천국'이고 '구원'입니다. 성경을 딱 한 절로 요약하라면 보통 요한복음 3장 16절 말씀을 손꼽습니다. 물론 그 말씀도 좋지만 저는 개인적으로 이 말씀이라고 생각합니다.

천국은 마치 밭에 감추인 보화와 같으니 사람이 이를 발견한 후 숨겨 두고 기뻐하며 돌아가서 자기의 소유를 다 팔아 그 밭을 사느니라

마 13:44

어떤 사람이 밭에서 숨겨진 보화를 발견했습니다. 그런데 자기 밭이 아니니까 몰래 덮어놓고 그 밭을 사기로 결심합니다. 가진 돈을 다 모아도 그 밭을 살 수 없자 가지고 있는 소유를 다 팔아서 그 밭을 삽니다. 다른 사람들은 이해할 수 없었을 것입니다. 미쳤다고 손가락질했을지도 모릅니다. 하지만 그는 아랑곳하지 않습니다. 그리

고 마침내 보화가 숨겨진 그 밭을 소유하게 됩니다. 이 사람이 어리석은 사람입니까?

"영원한 것을 얻기 위해 영원하지 않은 것을 버리는 자는 결코 어리석은 자가 아니다"라고 한 짐 엘리엇(Jim Elliot) 선교사처럼 천국을 위해서 이 땅을 포기하는 사람은 절대 어리석은 사람이 아닙니다. 예수님을 따르기 위해서 자기 자존심을 굽히고, 자기 목숨을 내놓고 십자가를 지는 것 역시 결코 어리석은 판단이 아닙니다. 그런데 이토록 명명백백한 말씀을 이 시대의 성도들이 얼마나 지키고 있는지 의문입니다.

지옥으로 인도하는 사람들

제가 영영 목소리를 잃게 되어 마지막 설교를 하는 순간이 되었다고 칩시다. 한 달 전에, 일주일 전에, 설령 어제도 천국과 지옥에 대해서 설교하고 구원받으라고 설교했을지라도 저는 다시 그 설교를 할 것입니다. 제 자식과 육성으로 대화할 수 있는 마지막 시간이 주어졌다면 다른 말은 다 필요 없습니다. 오직 천국, 구원에 대해서 이야기할 것입니다. 녹음해놓고 평생 들어야 한다고 할 것입니다. 여러분이 마지막으로 단 한 편의 설교를 들어야 한다면 무슨 설교를 들겠습니까? 건강하게 사는 법, 부자 되는 법, 행복하게 사는 법, 다 필요 없습니다. 천국을 잃어버리면 그런 것들이 무슨 소용입니까?

사람이 만일 온 천하를 얻고도 제 목숨을 잃으면 무엇이 유익하리요 사람이 무엇을 주고 제 목숨과 바꾸겠느냐 마 16:26

"너희가 먹든지 마시든지 무엇을 하든지 다 하나님의 영광을 위하여 하라"(고전 10:31)는 말씀이 있습니다. 맞습니다. 그런데 사실은 나를 위해서 그러는 것입니다. 예수님의 제자가 되고, 교회에 나와 예배드리고, 봉사하는 것이 단지 예수님을 위해서 그러는 걸까요? 아닙니다. 나를 위해서, 내가 살아야 하니까, 내가 천국에 가야 하니까 나를 위해서 봉사하고, 나를 위해서 예배하고, 나를 위해서 예수님을 믿는 것입니다.

그런데 천국이 아니라 지옥으로 인도하는 자들이 있습니다. 예수님도 어떤 자들에게는 그들이 지옥에 간다고 말씀하셨습니다.

화 있을진저 외식하는 서기관들과 바리새인들이여 너희는 교인 한 사람을 얻기 위하여 바다와 육지를 두루 다니다가 생기면 너희보다 배나 더 지옥 자식이 되게 하는도다 마 23:15

외식하는 서기관들과 바리새인들은 지옥에 갈 자들입니다. 그런데 지옥에 갈 자들이 전도했으니 그 결말은 그들과 똑같이 믿고 지옥에 가게 되는 것입니다. 예수님은 그들이 그들보다 더 못된 지옥 자식을 만들고 있다고 말씀하십니다.

여러분, 복음을 기분 나쁘게 들으면 안 됩니다. "여기에 지옥에 갈 사람이 있습니다"라는 목사의 말을 들으면 기분이 나쁘고 상처받았다고 교회에 나오지 않는 분들이 있습니다. 그런데 그것은 사람을 불쾌하게 하거나 욕하는 것이 아니라 사실을 이야기하는 것입니다. 병원에서 암이라고 이야기하면 왜 나에게 저주를 퍼붓냐고 하면서 상처받았다고 하고 병원을 떠납니까? 암 환자에게 암이라고 해야지 그럼 뭐라고 합니까? 암이라고 하면 병원에 남아 치료를 받아야 합니다. 몸을 잘 관리해서 수술해야 합니다. 그래야 하니까 이야기하는 것입니다. 지옥에 간다는 목사의 말을 들었다고 교회를 떠나는 것이 맞습니까? 아닙니다. 그럴 때 어떻게 해야 합니까? 회개해야 합니다.

그런데도 그 말을 감정적으로 듣고 교회를 떠나는 어이없는 일들이 오늘날 교회 안에서 일어나고 있습니다. 분명히 그들의 열매를 볼 때, 그들이 하는 행실을 볼 때 천국에 못 가는 사람이 있는데도 말을 못합니다. 기분 나쁠까봐, 사람이 떠날까봐, 눈치만 보면서 진실을 감추고 있습니다. 그러나 결국 그들이 진리를 듣지 못하고 죽어버리면 그 책임이 누구에게 있습니까? 진리를 말하지 않은 사람에게 있습니다. 불편해도 진리를 말해야 합니다. 속이지 말아야 합니다. 스스로 속이지도 말아야 합니다. 지옥이 아니라 천국으로 인도해야 합니다.

구원받을 사람이 적다

구원받지 못한 사람들의 공통된 특징이 있습니다. 첫 번째 특징은 구원받을 수 있는 기회가 있었는데 그 기회를 스스로 차버렸다는 것입니다. 마태복음 22장에 보면 한 임금이 아들의 혼인 잔치를 열어서 평소에 알고 지내던 사람들, 잔치에 반드시 오리라고 믿은 사람들을 초청했는데 거절하고 오지 않았습니다.

임금은 깊은 배신감과 분노를 느꼈지만 이미 잔치를 열었으니 큰길로 가서 아무나 만나는 대로 잔치에 데려오라고 했습니다. 그래서 잔치에 손님이 가득 찼습니다. 그런데 그중에 예복을 입지 않은 사람이 있는 것을 보고 종들에게 그의 손발을 묶어서 내쫓으라고 했습니다. 그가 바깥 어두운 곳에서 슬피 울며 이를 갈게 될 것이라고 했습니다. 동서고금을 막론하고 이를 가는 것은 원통하다는 뜻입니다. 후회의 눈물을 흘리는 것입니다.

이 비유는 "청함을 받은 자는 많되 택함을 입은 자는 적으니라"라는 말씀으로 끝이 납니다. 초청을 받은 사람은 많았습니다. 그런데 정작 그 자리에 와 있는 사람은 따로 있더라는 것입니다. 우리 식으로 표현하면 전도를 받는 사람은 많습니다. 그러나 실제로 전도를 받아 교회에 발을 디딘 사람, 전도를 받아 구원 얻은 사람 - 알고 보니 그 사람이 선택받은 사람인데 - 그런 사람이 적다는 것입니다. 왜 우리가 전도해야 되는지 아십니까? 왜 우리가 마지막까지 영혼 구원을 위해 두렵고 떨림으로 달려가야 하는지 아십니까? 누가 택함을 받았는지 모르기 때문입니다. 그래서 끝까지 최대한 전도하는 것입니다.

30년 전에는 1만 명에게 전도지를 뿌리면 2명에게서 연락이 온다고 했습니다. 그렇다고 해서 그들이 단번에 믿는 것도 아닙니다. 그렇지만 그 2명을 위해서라도 전도지를 뿌려야 한다고 했습니다. 그런데 지금은 10만 명에게 전도지를 뿌리면 1명이 올까 말까 한다고 합니다. 그래도 전도해야 합니까? 안 해도 됩니까? 해야죠. 밖에서 전도지를 나눠주는 것이 결코 쉬운 일이 아닙니다. 진짜 힘들지만 그래도 해야 합니다. 왜요? 누가 택함을 받았는지 모르니까, 올지 안 올지도 모르는 그 1명을 위해서 전도하는 것입니다.

그럼 초청에 응하지 않은 사람, 멸망 길로 간 사람, 지옥에 간 사람들은 무엇을 하고 있을까요? 영원토록 슬피 울며 이를 갈게 될 것입니다. 이것은 예사로 들을 말이 아닙니다. 우리도 마찬가지입니다. 구원은 나중으로 미루어서는 안 됩니다. 여러분도 지금 결단해야 합니다. 전도할 수 있는 기회가 언제 사라질지 모릅니다. 지금 전도해야 합니다.

갈급한 자의 천국

구원받지 못한 사람의 두 번째 특징은 교만한 자들이라는 것입니다. 갈급하지 않은 자들입니다. 저는 구원의 측면에서 '교만'을 이렇게 정의하고 싶습니다. "교만은 복음에 대해서 반응하지 않는 것이다." 복음을 들어도 전혀 반응하지 않는 자세가 바로 교만입니다. 갈급하지 않은 사람은 복음을 들을 수 없습니다. 목마름이 없는 사람은 구원받지 못합니다. 오히려 고난당하는 사람이 복음을 받아들입니다.

고난당한 것이 내게 유익이라 이로 말미암아 내가 주의 율례들을 배우게 되었나이다 시 119:71

세상에 누가 고난을 좋아합니까? 이왕이면 부자로, 넓은 집에서 좋은 음식 먹으면서, 다른 사람들로부터 박수받으며 살고 싶지, 누가 가난하고 병들고 관계가 나빠지고 남에게 굽신거리면서 살고 싶겠습니까? 그런데 시편 기자는 고난당한 것이 자신에게 유익이라고 합니다. 왜냐하면 고난 때문에 주님의 뜻을 깨달았다는 것입니다. 이렇게 표현할 수도 있습니다. 고난 때문에 예수님을 만났기 때문입니다.

부자가 천국 가기 힘든 이유가 무엇입니까? 최고 부자가 복음을 듣겠습니까? 제가 부잣집 아들이었으면 저는 예수를 안 믿었어요. 교회에 가지 않았을 것입니다. 하지만 가난하고 어렵고 고난이 깊었기 때문에 친구들이 교회에 가자는 말이 들렸습니다. 정말 고난이 유익입니다. 그때는 저주받은 인생이라고 생각했는데 지금 보니 유익한 인생이었습니다.

잘난 사람이 천국에 가기 힘든 이유가 무엇입니까? 그 속에 갈급함이 없기 때문입니다. 유대 종교 지도자들, 빈 살만 왕세자, 이 세상에서 행복한 사람들이 복음을 받아들이기 힘들고, 국민소득이 높아지고 선진국이 되면 교회가 사라지는 이유 역시 목마름이 사라지기 때문입니다. 가난함, 목마름이 천국을 찾는 열쇠입니다. 갈급하지 않고 교만한 인생은 천국에 가지 못합니다.

내가 예수를 꼭 믿어야만 하는 이유, 내가 교회를 꼭 다녀야 되는 이유를 한번 적어보십시오. 천국에 소망을 두고 천국 가기 위해 나는 무엇을 버려야 되고, 무엇을 선택해야 하는지 한번 잘 생각해보시기 바랍니다. 천하보다 귀한 것이 내 영혼입니다. 천하보다 귀한 내 영혼이 살아야 합니다. 내가 살아야 남도 살리는 것입니다. 내 영혼은 이 우주 만물보다 더 소중하다는 것을 기억하고 소중한 영혼을 지켜내시기를 바랍니다.

chapter **04**

진짜 거듭났는가?

요한복음 3:1-8

교회와 병원은 생사를 다룬다는 점에서 매우 비슷합니다. 병이 커지기 전에 병원에 가야 하듯이 교회도 가야 할 때가 있습니다. 성경은 만사에 기한이 있고 때가 있다고 말씀합니다. 구원을 얻을 때가 있고, 은혜받을 때가 있습니다. 회개에도 때가 있는 것입니다.

병원에 의사가 있듯이 교회에도 우리의 영혼을 고쳐주시는 예수님이 있습니다. 우리는 그런 예수님을 목자라고 부릅니다. 참 목자는 예수님밖에 없고 예수님은 당신과 같이 목자의 역할을 하도록 교회에 목사, 교사 등 주의 종을 세우셨습니다. 의사가 사람의 육체를 살리듯이 주의 종들은 영혼을 치료합니다.

병원에 병을 치료하기 위해 수술을 받아야 할 환자들이 있는 것처럼 교회에는 영혼에 수술이 필요한 사람만 있습니다. 우리는 말씀으로 수술을 받아야 합니다. 하나님의 말씀은 예리한 검이 되어서 우리의 영과 혼과 관절과 골수를 찔러 쪼개기까지 합니다. 요즘은 세상의 병원에서도 수술을 통해 육체를 고치고 더 나아가 상담과 약을 통해 마음을 고치기도 합니다. 하지만 근본적인 영혼의 문제는 다루지 못합니다.

그러나 교회는 우리의 영혼을 고칠 뿐만 아니라 하나님의 말씀은 우리의 육체도 만지고 회복시키는 힘이 있습니다. 그래서 예수님을 만나면 귀신이 떠나갑니다. 영의 결박이 풀어지는 것입니다. 교회에 와서 예수님을 만나 말씀으로 수술을 받으면 마음이 치유되어 밉던 사람이 용서가 됩니다. 화병이 없어지고 잠을 잘 자게 되고 육체의 병도 고침을 받을 수 있습니다. 전인적인 치유가 이루어지는 것입니다. 그런 면에서 볼 때 병원과 교회가 비슷합니다.

그러나 병원이나 교회나 무턱대고 수술하지 않습니다. 어떤 병원에서도 무작정 환자의 배를 가르는 것이 아닙니다. 수천 가지 약도 아무렇게나 주지 않습니다. 똑같이 허리가 아파도 치료하는 방법이 다 다를 수가 있습니다. 이런 모든 행위를 가리켜 진료요 진찰이라고 합니다. 예수님도 이 땅에 오셔서 계속 진찰하셨습니다. 바리새인 니고데모를 만나 진찰하셨습니다. 겉으로는 멀쩡하고 괜찮아 보여도 거듭나지 못해 영이 죽어가고 있는 자들이 있습니다. 그래서 그들이 교회에 나와 살려달라고 외치는 것입니다. 그런 자들이 예수님에게 나오면 영혼이 치료됩니다.

예수 믿기 vs 교회 다니기

여러분, 예수 믿기 위해 교회에 나옵니까? 교회를 다니기 위해 예수를 믿는 것입니까? 말이 안 되고 바보 같은 질문 같지만 현실이 꼭 그렇지만은 않습니다. 교회 다니기 위해 예수님을 믿는 사람이 어디에 있냐고 묻는 사람이 있겠지만 진짜로 있습니다.

학생들이 왜 학원에 갑니까? 공부하기 위해서라고 생각하지만, 사실은 학원비 내주러 학원에 다니는 학생들이 더 많습니다. 학원에 100명이 모이면 제대로 공부하는 학생은 10명 정도입니다. 공부는 왜 합니까? 지적인 수준을 높이기 위해서가 아닙니다. 대학에 가기 위해서입니다. 정말 열심히 공부해서 지적인 수준이 올라가도 대학에 가지 못했다면 아무 의미가 없어집니다. 우리가 대학에 가는 이유도 특별한 것이 아니라 좋은 직장을 가져서 돈을 많이 벌기 위해서입니다. 결국 우리는 돈을 벌기 위해 살아갑니다. 돈이 인생의 전부가 아닌데 돈을 위해 죽어라 달려가니까 불행해지는 것입니다. 얼마나 미련한 인생인지 모릅니다.

성도들도 교회에 와서 성경을 읽는 것, 봉사하는 것, 은혜를 받는 것이 목적이 아닙니다. 어떤 분들은 장로가 되고 권사가 되는 것이 교회에 다니는 목적이어서 장로, 권사가 되지 못하면 교회를 떠나버립니다. 신학을 하고 목회를 해도 주님이 아니라 사람들을 위해서 하면 주님은 보이지 않고 사람들만 보입니다. 그 교회가 하나님이 기뻐하시는 교회인지, 하나님의 영광이 있는지, 사람들이 얼마나 구원을 받았는지는 궁금하지 않고 성도 수가 몇 명인지가 궁금해집니다.

우리도 이렇게 목적을 잃어버린 채 살아갈 수 있습니다. 속된 말로 우리 자신도 모르게 인생을 저당잡혀서 속고 사는 것입니다. 우리가 교회를 나와도 이 정도인데, 교회도 안 나오고 예수를 안 믿었으면 우리는 세상에서 마귀에 완전히 붙들려 아웅다웅하며 속고 속다가 마지막에 지옥의 불못에 떨어지고 말 것입니다. 얼마나 어이없고 비참한 인생입니까? 지금 우리는 우리의 상태가 어떤지 정신을 차리고 돌아봐야 합니다. 진짜 거듭나야 합니다.

예수님을 믿는 것이 목적이다

2천 년 전 예수님과 같이 먹고 같이 살았던 사람도, 옆에서 예수님이 일으키시는 기적을 보고, 벳새다 들녘에서 오병이어를 받아먹고도 사람들은 지옥에 갔습니다. 예수님 때문에 병을 고친 사람, 그 가족 중에 예수님을 만나 귀신이 나간 사람이 없었을까요? 그런데 그중 상당수가 예수님을 십자가에 못 박으라고 소리를 질렀습니다. 이것은 남의 이야기가 아닙니다. 제 이야기이자 여러분의 이야기입니다.

우리가 날마다 십자가를 본다고 십자가가 마음에 들어옵니까? 가톨릭교회에 십자가가 사방에 걸려 있고, 묵주를 쥐고 기도하고, 매일 장엄한 미사를 드려도 그들에게 십자가가 들어가지 못했습니다. 예수님이 없습니다. 병원에서 근무하면 자기가 병에 걸리지 않는다고 착각하는 사람들이 있는데 전혀 그렇지 않습니다. 마찬가지로 교회에 나온다고 해서 무조건 거듭나는 것은 아닙니다. 또 교회를 오래 다닌다고 문제가 해결되는 것이 아닙니다. 물론 교회에 나와 십자가 복음, 천국과 지옥, 예수 그리스도에 대한 말씀을 들어야 합니다. 그러나 듣는다고 다 믿음이 생기는 것도 아닙니다.

저는 세상에서 제일 먼 거리가 머리에서 심장이라고 생각합니다. 거듭남에 대한 설교를 수백 번 들었다고 대수가 아닙니다. 하나님의 말씀이 마음에 들어와야 합니다. 그 말씀이 자신을 지배해야만 합니다. 하지만 말처럼 쉽지 않습니다. 어떤 사람은 말씀을 들어도 그것이 마음에 심겨지기까지 10년이 넘게 걸립니다. 어떤 사람은 30년이 걸리기도 합니다. 심지어 죽을 때까지 심겨지지 않는 사람도 있습니다.

성경은 믿는 것과 아는 것을 구분합니다.

우리가 다 하나님의 아들을 믿는 것과 아는 일에 하나가 되어 온전한 사람을 이루어 그리스도의 장성한 분량이 충만한 데까지 이르리니

엡 4:13

믿는 것과 아는 일에 하나가 되어 그리스도의 장성한 분량이 충분한 데까지 이르라고 경고하고 있습니다. 하나님의 말씀은 어제 들

었다고 해도 오늘 또 듣지 않으면 안 됩니다. 안다고 해서 새겨듣는 것을 소홀히 해서도 안 됩니다. 말씀이 내 영혼을 살찌우고, 내 영혼의 병을 고쳐야 하고, 피곤한 손과 연약한 무릎을 일으켜 세우는 능력이 되어야 합니다.

우리는 교회를 다니는 것이 목적이 아니라 예수님을 믿는 것이 목적이 되어야 합니다. 노골적으로 이야기하면 구원받고 천국 가는 것이 우리의 최종 목적입니다. 그런데 목적을 잘못 정하면 인생의 방향을 잃게 됩니다. 예수님을 믿는 것이 목적이 아니라 교회 다니는 것이 목적인 사람은 교회를 떠나는 순간 예수님도 떠나버립니다. 제가 보기에 코로나로 교회에 나가지 못하게 되자 예수님을 떠난 사람도 수두룩합니다. 교회에서 상처받고 시험에 들었습니까? 그렇다고 할지라도 목숨 걸고 예수님을 믿고 믿음으로 살려고 한다면 반드시 교회에 가야 되는 것입니다.

실제로 거듭났는가?

성도의 목적은 거듭나는 것입니다. 거듭나야 천국에 갈 수 있습니다. 거듭나야 예수님의 사람이 되는 것입니다. 거듭나야 십자가의 사람이 됩니다. 예수님이 십자가에서 죽으시고 다시 부활하신 것은 우리에게도 그 길을 걸어가라고 하시는 것입니다. 우리는 물과 성령으로 거듭나야만 합니다. 우리의 옛사람이 십자가에서 죽어야 합니다. 사실 거듭나야 한다는 것을 모르는 사람은 한 명도 없습니다. 그러면 우리가 거듭나야 한다는 사실을 아는데, 왜 거듭남의 중요성을 강조하는 거의 같은 설교를 매주 듣습니까? 거듭나야 한다는 사실을 아는 것이 중요한 것이 아니라 실제로 거듭나는 것이 중요하기 때문입니다.

내가 그리스도와 함께 십자가에 못 박혔나니 그런즉 이제는 내가 사는 것이 아니요 오직 내 안에 그리스도께서 사시는 것이라 이제 내가 육체 가운데 사는 것은 나를 사랑하사 나를 위하여 자기 자신을 버리신 하나님의 아들을 믿는 믿음 안에서 사는 것이라 갈 2:20

이 말씀을 수천 번 읽고 외우고 안방에 냉장고에 차 안에 붙여놔도 혈기가 죽지 않고 용납이 안 되고 그럴 수 있다는 말입니다. 이 말씀이 삶에서 실제가 되는 것이 중요한데 그것이 정말 쉽지 않습니다.

어느 교회에 목사님이 새로 부임하여 설교를 하셨는데 성도들이 은혜를 흠뻑 받았습니다. 그런데 그다음 주에도 제목과 성경 본문과 내용이 똑같았습니다. 그다음 주, 그다음 주에도 계속 같은 설교를 하니까 성도들이 화가 나서 그러지 말고 다른 설교를 해달라고 부탁을 드렸는데도 또 같은 설교를 하셨다고 합니다. 이제 장로님들까지 우리와는 맞지 않는 것 같다고 하자 목사님도 알겠다고 하고 곧바로 짐을 싸셨다고 합니다. 아무 변명도 하지 않는 것이 이상

해서 왜 계속 똑같은 설교를 하셨는지 한 장로님이 찾아가서 묻자 그제서야 목사님이 대답을 했습니다.

"제가 첫 주에 와서 하나님께 기도하며 받은 마음이 '서로 사랑하라'는 것이었습니다. 그래서 그것을 주제로 설교하고 다음주에 다른 주제로 설교를 준비하려고 하는데 하나님께서 서로 사랑하려면 아직 멀었다고 사랑할 때까지 설교를 하라고 하셨습니다."

그러니까 온 성도들이 말씀을 듣기만 하고 정작 사랑하지는 않은 것입니다. 그 말을 듣고 장로님이 그 자리에서 무릎을 꿇었다고 합니다. 맞습니다. 많이 듣고 많이 아는 것이 문제가 아닙니다. 거듭남에 대해서 아무리 좋은 설교를 들어도 기억에 남는 것은 별로 없습니다. 중요한 것은 이제 내가 십자가에서 옛사람이 죽어 거듭난 새사람이 되었느냐 하는 것입니다.

사람은 죽어야 변한다

의사는 폐병에 걸린 사람에게 반드시 담배를 끊으라고 말합니다. 담배를 피우지 말아야 한다는 것은 누구보다 본인이 잘 압니다. 하지만 잘 안 끊어집니다. 그런데 담배를 끊을 수 있는 가장 확실한 방법이 있습니다. 외람되지만 암에 걸리면 자동으로 끊어집니다. 술도 마찬가지로 위암, 간암에 걸리면 끊어집니다. 남의 말하고 누구를 흉보는 것은 말을 못하게 되면 끊어지고, 듣지 말아야 할 말을 듣지 않게 되는 것은 귀가 먹으면 듣지 않게 됩니다.

무슨 말입니까? 사람이 언제 변할까요? 죽으면 변한다는 것입니다. 바람피우고 노름하고 돌아다니던 사람도 죽을 때가 되면 본부인에게 돌아와 자기 보금자리에서 죽는다고 합니다. 능력 있고 펄펄할 때는 안 하던 말도 죽을 때가 되면 눈물을 주르륵 흘리며 "임자, 미안해"라고 합니다.

김익두(1874-1950, 목사)는 사기로 재산을 잃고 술과 방탕한 생활에 빠졌습니다. 불량배들과 패싸움을 벌리고 사람들을 괴롭히는 재미로 살아가는 술망나니가 되었습니다. 그래서 장꾼들이 장에 오면서 성황당에 들러 "오늘 김익두를 만나지 않게 해달라"고 치성을 드릴 지경이었다고 합니다. 김익두는 장터에서 서양 선교사가 전도하는 것을 보았습니다. 선교사가 "예수 믿고 천당 갑시다"라고 하자 전도지에 코를 풀어 던져버리기도 했습니다. 그러나 선교사가 던진 한마디에 교회를 찾게 되었고 성령으로 거듭나고 변화되어 매일 성경을 읽고 기도하고 전도하는 새사람이 되었습니다.

노방전도에 나서게 된 김익두는 자신이 괴롭히던 장꾼들 앞에 전도자로 서게 되었습니다. 그러나 사람들은 교회에 나간다고 사람의 근본이 달라지겠냐고 하며 그를 인정하지 않았습니다. 그는 깡패 김익두가 예수님을 믿고 회개하려고 나왔으니 자신을 실컷 때려달라고 눈물을 흘리며 땅에 엎드려 진심으로 용서를 빌었습니다.

그들이 알던 옛날의 김익두는 죽었다고 해도 사람들은 믿지 않았습니다. 그리고 그에게 덤벼들어 그를 때리고 심지어 그의 머리에 구정물을 부어버렸습니다. 그는 모든 수욕을 묵묵히 받아들였습니다. 그제서야 사람들이 깡패 김익두가 진짜 죽었다고 인정하고 김익두가 변했다고 소문이 났다고 합니다. 그는 나중에 평양장로회신학교를 졸업하고 목사가 되어 부흥사로도 활발히 사역했습니다.

거듭났다는 착각 1 시인했으니까

우리에게는 두 사람이 있습니다. 새사람이 살려면 옛사람은 죽어야 합니다. 바울이 십자가에서 죽었다고 한 것도 자신의 옛사람이 죽었다는 뜻입니다. 그런데 자신의 옛사람이 아직 죽지 않았는데 거듭났다고 착각하는 경우가 있습니다. 자신이 거듭났다고 고백했기 때문에 거듭났다는 착각에 빠질 수 있다는 것입니다.

그들이 하나님을 시인하나 행위로는 부인하니 가증한 자요 복종하지 아니하는 자요 모든 선한 일을 버리는 자니라 딛 1:16

그들은 자신이 하나님을 안다고 말은 하면서도 행위로는 그렇지 않습니다. 성경은 그런 자를 가증한 자, 복종하지 않는 자, 선한 일을 버리는 자라고 합니다.

네가 말하기를 나는 부자라 부요하여 부족한 것이 없다 하나 네 곤고
한 것과 가련한 것과 가난한 것과 눈 먼 것과 벌거벗은 것을 알지 못하
는도다 계 3:17

또 입으로 스스로 부자라 부요하고 부족한 것이 없고 괜찮다고
말은 하는데, 곤고하고 가련한 자신의 실상은 알지 못한다는 것입
니다. 결국 말하는 것과 행동하는 것은 다른 문제입니다. "나는 예
수 믿어", "나는 교회 다녀", "나는 하나님을 사랑해" 이렇게 입술로
고백한다고 해서 그 사람이 거듭난 참된 성도라는 증거는 되지 않습
니다. 교회를 다닌다고, 세례를 받았다고 모두 거듭난 것은 아닙니
다. 천국으로 인도하는 문은 매우 좁습니다. 그런데 단순히 교회 다
니고 세례를 받았다고 전부 천국에 간다면 천국으로 가는 문이 좁
다고 말할 수는 없을 것입니다.

거듭났다는 착각 2 옳은 행동

도덕적으로 옳게 행한다고 거듭난 사람일까요? 우리는 신앙과 상
관없이 얼마든지 도덕적으로 행동할 수 있습니다. 사람은 고생하면
변합니다. 암에 걸리면 술 담배를 안하고 생활이 변합니다. 나이를
먹으면 철이 들고 '이렇게 살아서는 안 되겠다' 하고 변합니다. 그런
데 사람은 변한 것 같으면서도 결국 제자리로 돌아갑니다. 군대에

가면 처음에는 완전히 다른 사람이 됩니다. 그런데 전역하고 시간이 조금만 지나면 다시 원래대로 늦잠 자고 이부자리를 개지 않고 흐느적거리고 계속 누워 있습니다.

근본적인 변화는 쉽게 오지 않습니다. 그래서 흔히 "사람은 예수를 믿어도 안 변한다", "믿어도 자기 성질대로 믿는다"는 식의 비복음적인 말을 하는데, 이런 말이 나오게 된 동기는 죽기가 싫은 것입니다. 십자가에서 옛사람이 죽고 새사람이 되기에 벅차니까 그 기준을 낮춰버린 것입니다.

2천 년 전 초대교회 성도들이 우리처럼 예수님을 믿었을까요? 우리가 초대교회 성도들과 한 달을 같이 살면서 "당신들은 진짜 예수님을 믿는 성도가 맞습니다!" 이런 말을 들을 수 있을까요? 그 말을 들어야 우리의 신앙이 진짜입니다. 그런데 우리가 봐도 자신이 없습니다.

우리가 초대교회 성도들처럼 사랑했습니까? 믿는 사람들이 다 함께 모든 물건을 서로 같이 쓰고, 재산과 소유를 팔아서 필요한 대로 나눠주고, 날마다 마음을 같이하여 성전에 모이기를 힘쓰고, 집에서 떡을 떼며 순전한 마음으로 기쁘게 음식을 먹는, 기적 중에 기적 같은 일들이 초대교회 가운데 있었습니다.

앉은뱅이가 일어나고 귀신이 나가는 것이 능력이 아닙니다. 저도 귀신을 내쫓아보았습니다. 중풍으로 4년 동안 누워 있던 사람이 일어나는 것을 보았고, 20년이 넘게 불면증에 시달려 얼굴이 붓고 푸

석푸석하던 사람이 귀신이 나가자 풍선에서 바람이 빠지듯이 얼굴이 달라지는 것도 보았습니다. 업혀 온 중풍 병자가 나아서 집으로 돌아갈 때 맨발로 가는 것을 목격했습니다. 귀신이 나가고 병이 나으면 그것이 변한 것입니까? 저는 귀신이 나가고 병이 나은 당사자도 변하지 않는 것을 보았습니다.

사람이 멋모르고 혈기를 부리다가 고생을 해보면 성질을 죽이고 삽니다. 사람들이 곧잘 받아주다가 힘들어지면 어느새 그 사람을 떠나고 그러면 외롭고 고립되니까 어느 정도 자기 성질을 죽이고 사는 것입니다. 그러나 그것을 완전히 죽었다고 생각하면 안 됩니다. 언제까지 성질을 죽이고 살 수 있을까요? 결정적일 때는 자기 성질이 나와버립니다.

물과 성령으로 거듭나다

우리가 하나님이 원하시는 것이 무엇인지 알고, 이것은 해야 하고 저것은 하지 말아야 한다고 율법적으로 살다보면 날마다 정죄감에 빠지고 좌절하여 넘어집니다. 그래서 우리는 옛사람이 완전히 죽는 것에 초점을 맞춰야 합니다. 죽으면 새롭게 태어납니다. 그래야 새사람이 됩니다. 거듭나지 않으면 절대 천국에 갈 수 없습니다.

예수께서 대답하시되 진실로 진실로 네게 이르노니 사람이 물과 성령으

로 나지 아니하면 하나님의 나라에 들어갈 수 없느니라 요 3:5

거듭난다는 것은 "위에서 나다"라는 뜻입니다. 예수님도 위에서 나서 위로부터 오신 분입니다(요 3:31). 그분은 근본적으로 하나님과 본체이셨고 위에서 난 분이기 때문에 이 땅에서 죽을 수 없어서 부활하셨습니다. 그러나 우리는 본질상 진노의 자녀요 우리의 옛사람은 아래에서 났기 때문에 물과 성령으로 다시 나지 않으면 하나님의 나라에 들어갈 수 없는 것입니다.

그러니까 우리가 이 땅에서 제아무리 자기의 전부를 걸고 엄청난 희생을 하고 자기 생명을 다 바쳐서 선한 일을 해도 위에는 갈 수가 없습니다. 왜냐하면 위에서 나지 못했기 때문입니다. 우리가 위에서 나야 합니다. 이 땅에서 태어난 나의 옛사람이 완전히 죽을 때 우리는 비로소 거듭나게 되는 것입니다.

그런데 거듭나기 위해서는 반드시 두 가지 도구가 필요합니다. 바로 말씀과 성령입니다. 말씀이 예리한 칼이 되어 혼과 영과 관절과 골수를 찔러 쪼개고, 살아있는 육체의 정욕과 죄악을 사정없이 뽑아내는 수술을 해야 합니다. 피가 쏟아지고 살덩이가 찢어지는 아픔의 시간을 통해 나의 죄악된 옛사람을 죽여버리고, 그리스도 안에서 성령의 불을 받아 거듭나서 새로운 생명에 도달하게 되어야 합니다.

거듭난 성도의 특징

거듭난 성도에게는 특징이 있습니다. 예수님은 성령으로 난 사람은 바람과 같다고 했습니다.

바람이 임의로 불매 네가 그 소리는 들어도 어디서 와서 어디로 가는지 알지 못하나니 성령으로 난 사람도 다 그러하니라 요 3:8

바람은 분명히 존재하지만 보이지는 않습니다. 거듭난 사건도 분명히 일어났지만 겉으로 보기에는 다를 바가 없습니다. 왜냐하면 내 속에서 속사람이 달라졌기 때문에 눈에 보이지는 않는 것입니다. 우리가 예수를 믿어도 늙고 예수를 믿어도 병들 수 있습니다. 그러나 거듭나 새사람으로 변화되면 감출 수 없는 증거가 드러납니다.

첫째, 거듭난 성도는 습관적인 죄를 지을 수 없습니다.

하나님께로부터 난 자는 다 범죄하지 아니하는 줄을 우리가 아노라 하나님께로부터 나신 자가 그를 지키시매 악한 자가 그를 만지지도 못하느니라 요일 5:18

둘째, 거듭난 성도는 자기 영혼의 상태를 최우선적으로 생각합니다. 상대를 미워하면 내 영이 다치니까 미워하지 않으려고 극도로 주의합니다. 새롭게 태어난 내 속사람의 영혼이 너무 귀하기 때문에 소중히 다루는 것입니다. 옛사람이 십자가에서 죽는 사건은 결코 적은 사건이 아닙니다. 우리가 십자가에서 고통 없이 죽을 수는 없습니다. 나의 옛자아를 십자가에 장사한다는 것은 내 자존심을 뭉개 없애고, 내 자랑을 송두리째 뿌리 뽑아 쓰레기통에 던져버리고, 내가 가깝고 친하게 지내던 사람들과의 단절을 의미하고, 내가 평생 쌓아 올린 긍지와 명예를 하루아침에 자랑할 수 없게 되는 것입니다.

그런즉 누구든지 그리스도 안에 있으면 새로운 피조물이라 이전 것은 지나갔으니 보라 새 것이 되었도다 고후 5:17

그러므로 누구든지 그리스도 안에 있으면 새로운 존재입니다. 옛 사람은 없어지고 새 사람이 된 것입니다. 고후 5:17 현대인의성경

결국 가치관이 변화하여 우리의 주된 관심이 영혼에게 있게 됩니다. 예수님은 누구를 만나든지 그 사람을 영혼으로 보셨습니다. 거듭난 성도 역시 이 예수님의 눈을 갖게 된 것입니다. 의사의 눈에 수술할 환자가 부자로 보이고 가난한 자로 보인다면 그는 의사 자격이 없는 것입니다. 나는 나인데 옛날에 내가 아닌 것이 바로 거듭난 것입니다.

마지막으로, 거듭난 성도는 예전의 모습으로 결코 돌아가지 못합니다. 돌아가지 않으려고 몸부림치는 것이 아닙니다. 돌아가지 못

하는 것입니다. 왜냐하면 이미 죽었으니까 돌아갈 수 없기 때문입니다. 살았으면 애쓰고 살아가다가 언젠가 넘어져버립니다. 그러나 우리는 이미 죽었기 때문에 힘이 없고 욕망이 없고 자랑을 하지 못합니다. 왜냐하면 나보다 못난 사람이 하나도 없다는 것을 알았기 때문입니다.

그래서 바울이 자신을 죄인 중에 괴수라고 한 것입니다. 옛사람이 죽기 전에는 그런 고백을 할 수 없었습니다. 베냐민 지파요 히브리인 중에 히브리인이고, 바리새인이며 율법의 의로 흠이 없는 자였는데, 자신이 죽고 나니까 모든 것을 배설물로 여기게 되었다는 것이 바울의 고백입니다. 그리스도 예수를 아는 지식이 가장 고상하다는 것을 깨달았기 때문이요 밭에 감추인 보화를 발견했기 때문입니다. 천국을 발견했기 때문에 더 이상 이 땅이 보이지 않고 이제 더 이상 이전의 모습으로 돌아가지 못합니다.

교회를 다녀서 예수님을 믿고 거듭났으면 세상을 끊어야 합니다. 손에 쟁기를 잡고 뒤를 돌아보는 자는 하나님의 나라에 합당하지 않다고 하셨습니다. 이제 더 이상 가난하다고 좌절하지 말고, 부자라고 자랑하지 말고, 세상에 나가서 기죽지 말고, 비겁하지도 말고, 으스대지도 말고 모든 가치관이 변하여 저절로 예수님을 위해 살게 된다는 것을 믿으시기 바랍니다.

우리가 진정으로 거듭났습니까? 아니면 거듭났다고 생각하고만 있습니까? 거듭났다면 거듭난 증거를 보이시기 바랍니다. 거듭난 증거는 교회를 다니고, 성경을 열심히 읽고, 하루에 기도를 얼마쯤 하는 것이 아닙니다. 옛사람이 십자가에서 죽은 증거, 예수님을 영접한 증거, 예수님을 나의 주인으로 모신 증거입니다. 교회만 다니는 자가 아니요 은혜받고 결단만 하는 자가 아니라 실제로 거듭나야 합니다. 옛사람을 십자가에 못 박아 이제는 거듭난 영혼으로 살아가시기를 바랍니다.

chapter **05**

당신은 진짜인가?

마태복음 7:15-27

이 세상에는 의외로 가짜가 많습니다. 명품 가방도 짝퉁이라고 하는 모조품이 훨씬 많습니다. 왜냐하면 명품 가방은 사기 힘들기 때문입니다. 돈이 있다고 다 살 수도 없습니다. 어떤 것은 예약을 하고 몇 년씩 기다렸다가 몇 천만 원이나 주고 산다고 합니다. 그러니까 진짜는 돈도 있고 기회도 있고 물건도 있어야 하니까 흔치 않은 것입니다. 그런데 명품 가방과 모양이 비슷한 모조품은 남대문시장에서 단돈 몇만 원이면 살 수 있고, 중국에 가면 훨씬 많습니다. 널리고 널려서 기다리지 않고 언제든지 살 수 있습니다.

물건만 그런 것이 아닙니다. 사람도 가짜가 많습니다. 우리나라에 교인이 많습니다. 한창때는 기독교인이 1,200만 명, 1,000만 명에 육박한다고 했습니다. 어떤 도시는 20퍼센트가 기독교인이라고 합니다. 다섯 명 중에 한 명이 교회에 다니는 것입니다. 그런데 코로나 이후로 대략 1만 개의 교회가 사라졌다고 합니다. 그럼에도 불구하고 우리나라에는 여전히 기독교인이 많습니다. 그중에 진짜 성도가 많을지 가짜 성도가 많을지 생각해보면, 가짜 성도가 더 많을 것 같습니다.

진짜와 가짜의 기준

성경에도 주님의 이름으로 귀신을 쫓아내고, 주님의 이름으로 능력을 행했다고 말하는 거짓 선지자가 많다고 합니다. 그런데 아무리 능력을 행하고 귀신을 쫓아낸다고 하더라도 주님이 보기에 그들은 가짜입니다. 왜냐하면 주님은 진짜와 가짜의 기준을 이렇게 말씀하셨기 때문입니다.

나더러 주여 주여 하는 자마다 다 천국에 들어갈 것이 아니요 다만 하늘에 계신 내 아버지의 뜻대로 행하는 자라야 들어가리라 마 7:21

여기서 "주여 주여" 하고 주님을 찾는 사람은 세상 사람들이 아니라 교회에 다니는 사람을 말합니다. 교회도 다니지 않는데 어떻게 하나님을 찾겠습니까? 그런데 교회에 다니는 사람들이 뜻도 모르면서 "주여 주여" 합니다. 기도할 때, 찬양할 때, 힘든 일을 만나면 한숨을 쉬면서 "주여"라고 합니다. 예수님을 '주인'으로 생각하지도 않으면서 말입니다. 무슨 뜻인지 알아서 그러는 게 아니라 그냥 몸에 밴 것입니다.

지금 우리는 주인과 종이 없는 시대에 살고 있어서 실감이 잘 나지 않지만, 예수님이 주인이라는 말은 굉장히 강한 말입니다. 주인이 죽으라고 하면 죽는 것이 종입니다. 주인에게 종은 짐승과 다르지 않습니다. 종에게는 인격이 존재하지 않습니다. 주인이 언제든지 팔아도 그냥 받아들여야 합니다. 종이 기분이 나쁘다고, 가기 싫다고, 지금까지 내가 당신에게 얼마나 헌신했는지 잊었느냐고 감히 따질 수도 없습니다. 그랬다가는 채찍에 맞든지 죽임을 당할 수도 있습니다. 주인이 종을 죽여도 살인이 아닙니다. 종은 주인의 것이기 때문입니다.

그런데 우리가 정말 예수님을 우리의 주인으로 생각합니까? 입으로는 "주인님"이라고 부르지만 행동하는 것을 보면 결코 주인님이 아닙니다. 오히려 자신이 주인이고, 주인의 말은 듣지 않습니다. 그래서 예수님은 주님이라고 말한다고 모두 천국에 들어가는 것이 아니요 너희가 주인이라고 부르는 하나님, 아버지의 뜻을 행하는 자만 들어간다고 말씀하신 것입니다.

"원수를 사랑하라", "부모를 공경하라", "권세에 복종하라", "네 자녀를 노엽게 하지 말라", "안식일을 기억하여 거룩하게 지키라" "십분의 일은 내 것이니 내게 돌려라" 우리에게 명령하신 말씀에는 쉬운 것도 있고 어려운 것도 있습니다. 쉬운 것은 얼마든지 쉽게 지킬 수 있습니다.

그러나 "누가 네 오른편 뺨을 치거든 왼편도 돌려대라", "누가 재판을 걸어서 속옷을 빼앗으려고 하면 겉옷까지 내주어라", "누가 억지로 오 리를 가자고 하거든 십 리를 같이 가주어라" 이런 말씀은 진짜 어렵고, 어려운 것은 지키기도 쉽지 않습니다. 그래서 우리는 이 말씀을 읽을 때 그 정도로 많이 참고 이해하고 용서하라는 의미라고 여깁니다. 예수님의 말씀을 말씀 그대로 받지 않고 더 많이 사랑하면 된다고 마음대로 그 수준을 낮춰버립니다.

그러나 주인님이신 예수님은 말씀 그대로 진짜 그렇게 하라고 말씀하신 것입니다. 말로만 주님이라고 떠들지 말고 원수도 사랑하고, 오른편 뺨을 맞으면 왼편도 돌려대라고 하신 말씀 그대로 하라는 것입니다. 세상 사람들은 한 대라도 더 때리려고 덤벼들지만 하나님의 종이요 나를 주인이라고 부르는 너희는 내 명령에 따라 세상에서 바보 되고, 손가락질을 받고, 도저히 이해할 수 없는 일을 한다는 말을 들어도 내 뜻이라면 그대로 행해야 한다고 말씀하십니다. 그런 사람만 천국에 가는 것입니다.

좁은 문으로 들어가라

그 날에 많은 사람이 나더러 이르되 주여 주여 우리가 주의 이름으로 선지자 노릇 하며 주의 이름으로 귀신을 쫓아 내며 주의 이름으로 많은 권능을 행하지 아니하였나이까 하리니 마 7:22

물론 억울하다고 이야기할 사람이 있을 것입니다. 주의 이름으로 귀신도 내쫓고 병도 고쳤으니까 당연히 천국에 갈 거라고 생각하지 않겠습니까? 자신이 지옥에 갈 거라고 단 한 번도 생각해보지 않았는데 지옥에 간다고 하니까 얼마나 당황스럽고 어이가 없겠습니까? 그러나 주님은 그렇지 않다고 말씀하십니다. 착각하지 말라는 것입니다.

좁은 문으로 들어가라 멸망으로 인도하는 문은 크고 그 길이 넓어 그리로 들어가는 자가 많고 생명으로 인도하는 문은 좁고 길이 협착하여 찾는 자가 적음이라 마 7:13-14

예수님은 좁은 문으로 들어가라고 명령하십니다. 그런데 좁은 문으로 들어가는 사람이 적습니다. 군자대로행(君子大路行)이라고, 사람은 누구나 쉽고 편하고 따뜻하게 살고 싶어 합니다. 좁은 길보다 넓은 길로 가는 사람이 훨씬 많습니다. 편하게 살고 싶고, 조금 일하고 돈 많이 벌어 출세하기 원해서 공부도 열심히 합니다. 자식을 좋은 대학에 보내고, 부자가 되려고 하고, 높은 데 올라가려고 하고 다 그렇게 삽니다.

그 자체가 나쁜 것은 아닙니다. 그런데 신앙인들도 본능대로 옛 습관을 버리지 못합니다. 교회에 다니고 주님의 일을 하면서도 자꾸 넓은 길, 편한 길, 박수받는 길만 가려고 합니다. 그런데 그렇게 살아도 천국에 가면 좋겠지만, 예수님의 말씀은 넓은 길, 편한 길만 좇아가면 필경 마지막은 지옥에 간다는 것입니다.

주님은 분명히 좁은 길을 가라고 말씀하셨는데, 사람들이 좁은 길을 가지 않습니다. 주변을 돌아보니 넓은 길로 가는 사람이 훨씬 많습니다. 남들도 다 똑같이 사니까 두려움을 느끼지 못하는 것입니다. 학교 갈 때 혼자서 지각하는 것 같으면 심장이 두근대고 두려운데, 옆에서 수십 명이 다 같이 지각을 하면 어느 정도 안심이 됩니다. 분명히 잘못했는데 잘못이라고 느끼지 못하고, 벌을 받아도 재미있어 합니다.

그러나 예수님은 좁은 문으로 들어가라고 직설적으로 말씀하셨습니다. 그것이 생명으로 인도하는 문이기 때문이라고 하셨습니다. 그럼에도 불구하고 너무 많은 사람들이 이 말씀을 무시하고 편하게 예수를 믿습니다. 또 이 세상은 편하게 예수 믿는 사람이 잘 믿는 것처럼 보이게 합니다. 교회 등록을 안하고 봉사도 안하고 교회만 다니는 사람이 하는 말도 부담이 없고 편하다는 것입니다. 교회에 등록하려면 조건이 있는데 "봉사는 천천히 하겠다", "구역 모임에는 나가지 않겠다"는 사람도 있습니다. 어떤 사람은 교회에 전화해서 교회 주차장이 있는지 묻고, 또 어떤 사람은 교회에서 영어를 가르쳐 주냐고 묻습니다. 교회를 정하는 조건이 주차장입니까? 교회는 백화점이 아닙니다. 영어는 영어학원에서 배우십시오. 교회는 예수를 배우는 곳입니다.

이것은 사람들에게 면박을 주려고 그러는 것이 아닙니다. 우리가 얼마나 교회를 만만하게 생각하는지, 얼마나 예수 믿는 것에 대해 심각하게 생각하지 않느냐는 것입니다. 원래 예수님이 그렇게 믿으라고 교회를 세워주셨나요? 첫 단추부터 잘못 끼우고 신앙생활을 시작하려고 하는데, 그런 버릇을 들여가며 교회에 사람을 모아서 무엇하겠습니까? 이런 행위들이 결국에 넓은 길로 걸어가는 성도를 만들어내는 것입니다. 그러면 교회는 다니되 천국에 들어가지 못하는 일이 벌어지고, 자꾸 가짜를 만들어내는 구조가 되는 것입니다.

예수님은 좁은 문으로 들어가라고 하시고 거짓 선지자를 삼가라고 하셨습니다. 또 주초를 반석 위에 둔 집을 세우라고 말씀하십니다. 좁은 문과 넓은 문, 참 선지자와 거짓 선지자, 반석 위에 세운 집과 모래 위에 세운 집, 이렇게 계속해서 진짜와 가짜를 말씀하시는 것입니다.

가짜의 운명

이 세상의 보이스피싱이나 기획부동산 사기 등은 진짜 악랄한 거짓이자 범죄입니다. 심지어 그것을 단속하는 경찰이나 검사까지 속아넘어가는 경우도 있다고 합니다. 똑똑하다고 속지 않는 것이 아닙니다. 훔치려고 덤벼들면 당해낼 재주가 없습니다. 몇천 만원의 손해를 보기도 하고, 만회하려면 오랜 시간이 걸리기도 하고, 가정이 풍비박산이 나서 인생이 어려워지기도 합니다.

그러나 백번 양보해서 그것도 이 땅에서만 고생하면 그만입니다. 사실 다른 것은 다 가짜여도 괜찮습니다. 문제는 신앙이 가짜가 되어버리는 것입니다. 그런데 이 세상에서는 신앙이 가짜라고 해서 벌을 받지도 않고, 가난해지지도 않고, 병이 들지도 않습니다. 차라리 가짜라고 맞아서 정신을 차리게 되면 그것이 축복입니다. 그런데 하나님은 어지간해서 그런 일을 하지 않으십니다. 하나님의 제일 무서운 심판은 그냥 두시는 것입니다.

이 때문에 하나님께서 그들을 부끄러운 욕심에 내버려 두셨으니 곧 그들의 여자들도 순리대로 쓸 것을 바꾸어 역리로 쓰며 그와 같이 남자들도 순리대로 여자 쓰기를 버리고 서로 향하여 음욕이 불 일듯 하매 남자가 남자와 더불어 부끄러운 일을 행하여 그들의 그릇됨에 상당한 보응을 그들 자신이 받았느니라 롬 1:26-27

로마서 1장에는 로마 시대에 동성애하는 사람들이 나옵니다. 그때 등장하는 표현이 "내버려두사"입니다. 동성애는 그 역사가 매우 깁니다. 남자가 순리대로 여자와 합방하기를 거절하고, 남자가 남자와, 여자가 여자와 부끄러운 짓을 했는데, 그들이 그에 합당한 보응을 받았다고 합니다.

하나님은 사람이 죄를 짓지 못하도록 막으시는 것이 아니라 인격

대로 의지대로 죄를 짓도록 놔두십니다. 이것이 정말 무섭습니다. 그러니까 이 땅에서 가짜 신앙인들은 그다지 고통을 받지 않습니다. 오히려 시편 기자가 시험에 들 만큼 악인이 더 형통할 수도 있습니다. 하나님을 대적하고 악을 일삼는 사람들이 이 세상에서 잘 되고, 죽을 때도 편안하게 죽는 것을 보고 마음이 무너지는 것입니다. 그러나 시인이 하나님 앞에 예배를 드리다가 깨닫게 되는 것은 악인의 종말입니다. 이 땅에서 악인이 형통하고 하나님이 그냥 놔두서서 잘 되는 것 같아도 악인에게는 결국 지옥의 불심판이 기다리고 있다는 것을 알았습니다. 반대로 시인은 아침에 눈을 뜨고 잠들 때까지 종일 고난의 연속이지만 자신이 복을 받은 줄 알았습니다.

하나님께 가까이 함이 내게 복이라… 시 73:28

비록 이 땅에서 가난하고 병들고 힘이 없어도 하나님이 가까이 계신 복을 깨달았다면 그는 좁은 문의 사람입니다. 이 땅에서의 삶은 정말 순간입니다. 문제는 죽은 다음에 시작되는 영원한 삶입니다. 1만 년 정도 지옥에 있다가 다시 다음 기회가 주어진다면 지옥도 견딜 만하겠지만 지옥에서는 그런 소망이 없습니다. 지옥의 삶은 영벌이요 천국의 삶은 영생입니다.

내가 진실로 진실로 너희에게 이르노니 내 말을 듣고 또 나 보내신 이를

믿는 자는 영생을 얻었고 심판에 이르지 아니하나니 사망에서 생명으로 옮겼느니라 요 5:24

성도의 죽음은 사망이라고 하지 않습니다. 사람이 똑같이 사는 것 같아도 예수님이 보시기에는 사망 가운데 있는 사람이 있고, 사망에서 생명으로 옮겨진 사람, 영원한 생명을 가지고 있는 사람이 보이는 것입니다. 믿지 않는 자의 죽음은 영원한 지옥의 삶이 시작되는 저주이지만 성도의 죽음은 축복입니다. 결국 우리의 신앙이 진짜냐 가짜냐 하는 것은 현세의 복을 받았느냐 아니냐의 문제가 아니라 천국에 갈 수 있느냐 못 가느냐의 문제라는 것입니다. 가짜 신앙으로는 천국에 가지 못합니다. 진짜가 되어서 천국에 가는 것이 우리가 교회에 다니는 최우선의 목적이 되어야 합니다.

죽은 것이 아니고 살아있다

신약성경에는 부활에 관한 세 번의 케이스가 나옵니다. 첫 번째는 나사로가 부활한 것이고, 두 번째는 다들 예수님이라고 생각하기 쉬운데 예수님이 아니라 마태복음 27장에 잠자던 성도의 몸의 부활입니다. 예수님이 십자가에서 죽으실 때 무덤들이 열리고 잠자던 성도의 몸이 많이 일어났다는 구절입니다. 죽은 시체들이 부활한 것입니다.

이에 성소 휘장이 위로부터 아래까지 찢어져 둘이 되고 땅이 진동하며 바위가 터지고 무덤들이 열리며 자던 성도의 몸이 많이 일어나되 예수의 부활 후에 그들이 무덤에서 나와서 거룩한 성에 들어가 많은 사람에게 보이니라 마 27:51-53

세 번째가 바로 예수님의 부활입니다. 그리고 장차 우리가 부활할 것입니다.

나사로가 죽은 후 예수님이 오시자 예수님을 맞이한 마르다가 예수님이 여기에 계셨더라면 오라비가 죽지 않았을 것이라고 말하자 예수님은 나사로가 살아날 것이라고 말씀하십니다. 그러자 마르다가 마지막 부활 때에 살아날 것을 안다고 대답합니다. 사실 이 믿음도 대단한 것입니다. 그러나 예수님은 마지막 날 부활을 말씀하신 것이 아니라 지금 부활할 것을 말씀하신 것입니다.

예수께서 이르시되 나는 부활이요 생명이니 나를 믿는 자는 죽어도 살 겠고 무릇 살아서 나를 믿는 자는 영원히 죽지 아니하리니 이것을 네가 믿느냐 요 11:25-26

예수님이 이렇게 말씀하시자 마르다가 "주여 믿나이다"라고 말합니다. 그다음 나사로가 무덤에서 살아난 것입니다. 제가 이 말씀으로 장례식 설교를 많이 했는데 "나는 부활이요 생명이니 나를 믿는 자는 죽어도 살겠고", 이 말씀은 의심 없이 이해가 되고 받아들여졌습니다. 맞습니다. 예수를 믿는 자는 죽어도 다시 삽니다. 우리가 부활한다는 것입니다. 그런데 어느 날 장례식장에서 이 본문으로 설교를 하는데 "무릇 살아서 나를 믿는 자는 영원히 죽지 아니하리니", 이 말씀이 이해가 되지 않았습니다. 살아서 예수를 믿은 믿음 좋은 목사, 장로, 권사도 죽었습니다. 이 말씀을 어떻게 해석해야 하는지 알려달라고 급히 화살기도를 했을 때 주님이 저에게 깨달음을 주셨습니다. 다 설명할 수 없습니다만, 우리 눈에는 믿음 좋은 사람이 죽어 장례를 치르고 있는데, 예수님께서 그 모습을 보고 마치 이렇게 말씀하시는 것 같았습니다.

"너희 눈에는 이 사람이 죽은 자 같으냐? 내 눈에는 영원히 죽지 않고 산 자다! 나를 믿는 자는 죽은 게 아니다. 살아서 나를 믿는 자는 죽는 것이 아니라 살아 있다."

믿음이 증명되는 삶

순간에 그 말씀이 믿어졌습니다. 히브리서 11장에는 아벨, 에녹, 노아, 아브라함, 야곱, 요셉, 모세 등 믿음의 인물들이 등장하는데 아벨에 대해서 이렇게 말씀합니다.

믿음으로 아벨은 가인보다 더 나은 제사를 하나님께 드림으로 의로운 자라 하시는 증거를 얻었으니 하나님이 그 예물에 대하여 증언하심이라 그가 죽었으나 그 믿음으로써 지금도 말하느니라 히 11:4

"그가 죽었으나 그 믿음으로써 지금도 말하느니라", 죽은 것이 아니라 그의 믿음이 지금도 생생하게 우리에게 증언하고 있다는 것입니다. 에녹은 죽음을 보지 않고 옮겨졌는데, 그 전에 이미 "하나님을 기쁘시게 하는 자"라는 증거를 받았습니다. 우리가 죽어서 천국에 가기 전에 우리는 이 땅에서 이미 우리의 믿음을 증명하는 삶을 살게 됩니다. 금메달을 딸 사람은 금메달을 딸 사람처럼 보입니다. 연습 게임 하는 것만 봐도 압니다. 꼭 시험을 보지 않더라도 평소 모습만 봐도 누가 1등 할지 보입니다. 이렇듯 우리의 믿음은 생전에 증명이 됩니다. 천국에 갈 사람은 살아 있을 때 천국에 갈 행동이 나온다는 것입니다.

그리스도인은 이 땅에서 믿음이 증명될 수밖에 없습니다. 여기서 말하는 증명은 율법을 지키는 것이 아닙니다. 우리가 착해서 천국에 가는 것이 아닙니다. 어떤 노력과 수고와 희생으로 주님을 만족스럽게 해서 천국에 가는 것이 아니에요. 생명을 바쳐서 최선을 다해도 하나님을 만족시킬 수 없습니다. 전 재산을 드려보십시오. "은도 내 것이요 금도 내 것이라." 주님께는 먼지만도 못합니다. 우주 만물이 다 주님의 것이기 때문입니다. 그분을 만족시키는 것은 오직 우리의 믿음입니다.

믿음이 없이는 하나님을 기쁘시게 하지 못하나니 하나님께 나아가는 자는 반드시 그가 계신 것과 또한 그가 자기를 찾는 자들에게 상 주시는 이심을 믿어야 할지니라 히 11:6

우리가 이 믿음만 가지고 가면 주님이 너무 기뻐하십니다. 이 믿음은 바로 하나님의 뜻대로 행하는 것입니다. 행함이 없는 믿음은 죽은 믿음입니다. 성경공부가 믿음이 아닙니다. 성경암송을 몇백 절씩 해도 행동은 하나도 달라지지 않는 사람이 있을 수 있습니다. 입만 열면 성경이 줄줄 나오는데 자기밖에 모르는 이기적인 사람을 보면 어떻습니까? 오히려 주변 사람들을 더 힘들게 할 뿐입니다.

전 재산을 교회에 헌금해도 자아가 죽지 않았다면 결국 교회에서 큰소리 내게 되어 있습니다. 재산을 바치기는 했지만 자기 자아는 바치지 못해 교회를 소란스럽게 하는 것입니다.

교회를 아무리 오래 다녀도 집에 가면 달라지는 분들이 있는데, 제발 믿지 않는 남편, 믿지 않는 아내에게 자신이 제대로 믿고 있는지 한번 물어보십시오. 평소에는 청소를 잘 하지 않다가 목사님이 심방 온다고 하니까 집안을 말끔히 치우고, 남편에게 밥 한번 제대로 차려주지 않다가 구역예배 드린다고 진수성찬을 내놓고, 다른 교인들의 흉을 입에 달고 사는데 어떻게 전도가 되겠습니까?

정신을 차려야 합니다. 지금 교회에 가짜가 너무 많습니다. 여러분의 믿음을 돌아봐야 합니다. 아버지의 뜻대로 행해야 천국에 들어간다는 것이 예수님의 말씀이요 성경의 가르침인데 어째서 우리는 이 말씀을 이토록 가볍게 여기는 것입니까? 가장 근본적인 문제는 우리가 구원의 문제에 너무 관심이 없다는 것입니다. 지옥의 심판이 그렇게 만만한지 아십니까? 천국의 기쁨이 그렇게 아무것도 아닙니까? 지옥을 믿는 믿음은 결코 작은 믿음이 아닙니다. 그것 때문에 정신을 차리게 되는 것입니다. 천국과 지옥을 믿지 않아서 이 세상이 이렇게 망가지고 있는 것입니다.

안 변한다 = 안 믿었다

여러분, 우리가 진짜인가 아닌가 따져보아야 합니다. 진짜 구원받은 사람은 필연적으로 변화가 일어납니다. 결혼만 해도 달라집니다. 친구와 만나는 시간이 줄어들고, 아이를 낳고 기르면서 자신을 위한 삶을 포기하게 됩니다. 삶이 변했기에 결혼한 것이 아닙니다. 결혼했기 때문에 삶이 변한 것입니다. 집에 시어머니가 와 계시기만 해도 얼굴이 달라지고 생활 패턴이 바뀝니다.

마찬가지로 우리가 예수님을 믿었기 때문에 변한 것이지, 우리가 변해서 예수님을 믿는 것이 아닙니다. 우리가 안 변한다는 것은 곧 안 믿었다는 뜻입니다. 아직 주인이 바뀌지 않았는데 입으로만 "주여 주여" 하는 것입니다. 그런 사람들은 입으로만 주님을 찾습니다. 진짜 결정적일 때는 자기 마음대로 해버립니다. 자신에게 불리하고 힘들고 손해볼 것 같으면 돈을 의지하고, 사람을 의지하고, 자기 자존심을 챙기고, 자기 살길부터 찾습니다.

평소에는 믿음이 좋습니다. 교회도 열심히 나오고, 기도도 하고, 헌금도 하는데 정작 그 신앙을 자세히 보니 모래 위에 세운 집입니다. 바람이 불기 전에는 멀쩡하지만 환난이 닥치면 꼼짝없이 무너집니다.

다시 말하지만, 변해야 구원받는 것이 아니라 구원받았기 때문에 변하는 것입니다. 이 변화는 속일 수 없습니다. 이 땅에서의 삶보다 더 크고 귀한 것이 있기 때문에 변한 것입니다. 밭에 감추인 보화를 발견하여 재산을 다 팔아서 그 밭을 산 이야기가 성경이 우리에게 말하는 핵심입니다. 그 사람에게는 재산을 팔아서 그 밭을 사라고 말할 필요도 없습니다. 남들이 말려도 모든 소유를 팔아서 그 밭을 삽니다. 천국을 발견했는데 어떻게 가만히 있습니까? 그 비밀을 모르는 사람들은 손가락질하고 바보라고 욕하겠지만, 진짜 바보는 그 밭의 가치를 모르는 자들입니다.

천국은 모든 것을 예수님에게 건 사람이 가는 곳입니다. 자신의 일부를 거는 사람이 가는 곳이 아닙니다. 한 발은 하나님께, 한 발은 세상에 걸친 사람은 가지 못합니다. 내가 가진 전부를 하나님께로 옮기는 것이 진짜 신앙입니다.

네 아내를 사랑하라

자신의 의지와 노력으로 변할 수 있는 사람은 아무도 없습니다. 내 안에 예수님이 오셔서 주님이 변하게 해주십니다. 그래서 옛사람이 죽어 새사람이 되고, 원수도 친구가 되고, 힘든 일도 가벼워지고, 원망하던 일, 불행하게 여겨지던 일들이 기쁨과 상급으로 여겨지는 역사가 일어나게 되는 것입니다.

중국 지하 교회의 지도자 칭 틴옌이라는 사람은 예수님을 믿기 전에 자신의 아내를 버렸습니다. 부모의 강요로 한 사랑 없는 결혼이었고, 시대에 뒤떨어지게 전족(纏足)을 해서 제대로 걷지도 못하는 볼품없는 여인이었기 때문에 그런 아내가 싫어서 버린 것입니다. 그런데 그가 주님을 만나 거듭나고 성령을 받았을 때 주님이 그에게 말씀하셨습니다.

"네 아내를 사랑하라."

그는 그 즉시 자기가 버린 아내를 찾아갔습니다. 그를 만나주신 주님의 첫 마디는 "아내를 위해 기도하라"가 아니었습니다. "주일을 잘 지키라", "전도하라"는 말씀도 아니었습니다. "네 아내를 사랑하라." 이렇게 말씀하시자 그는 곧바로 24킬로미터나 떨어져 있는 아내의 친정으로 달려갔습니다. 그리고 용서를 빌고 아내를 데려옵니다.

문제는 아내가 전족을 했기 때문에 먼 거리를 걸을 수가 없었다는 것입니다. 그는 아내를 업어서 데리고 옵니다. 그는 사람들의 조롱과 수근거림보다 하나님의 명령에 순종했다는 기쁨으로 아내를 데리고 집에 도착했습니다. 문턱을 넘는 순간 두 사람이 다 성령의 불을 받았습니다. 성령의 불을 달라고 기도한 적도 없는데 순식간에 성령의 불을 받았습니다. 말씀대로 순종했기 때문입니다.

우리가 거듭나야 합니다. 다시 태어나야 합니다. 태어나지도 않은 배 속에 아기가 무엇을 할 수 있습니까? 거듭나지도 않고 봉사하고, 거듭나지도 않고 장로가 되는 것은 다 소용이 없습니다. 순서가 잘못된 것입니다. 우리가 처음 교회에 나와 가장 먼저 주력해야 할 것은 거듭나서 하나님의 자녀가 되는 것입니다. 그다음에 능력도 받고 응답도 받고 상급도 받을 수 있습니다. 변화는 주님이 일으키십니다. 우리 모두 예수 안에서 거듭나 진짜가 되는 역사가 있기를 주님의 이름으로 축원합니다.

3 PART

지옥을 피하라

chapter **06**

지옥을 믿어야 지옥과 멀어진다

마태복음 18:5-9

우리에게는 최종적인 목표가 있습니다. 성경 어디든지 펴서 보십시오. 성경의 모든 말씀에는 생략되었거나 혹은 노골적으로 표현된 단어가 있는데 그것이 '영생'입니다. 성경은 창세기 1장부터 계시록 22장까지 천국과 지옥을 전제로 기록되어 있는 책입니다. 인간의 실존은 건강, 명예, 성공에 있는 것이 아닙니다. 동서고금을 막론하고 모든 사람을 하나로 묶을 수 있는 범주, 모든 인생의 결국은 마지막 두 길뿐인데, 바로 천국과 지옥입니다.

성경에 나오는 천국과 지옥, 성도의 부활, 예수님의 재림, 성도의 휴거, 천년왕국, 백보좌심판 이런 이야기를 들으면 믿고 "아멘" 하십니까? 아니면 울산바위 이야기나 단군신화를 들은 것처럼 고개만 끄덕입니까? 지옥을 믿는 믿음은 결코 작은 믿음이 아닙니다. 그런데 현세적인 복음에 취해 천국과 지옥을 믿지 않는 크리스천들이 너무 많은 것 같습니다.

천국과 지옥은 있다

마태복음 18장 6절을 보면 '실족'이라는 단어가 나옵니다.

누구든지 나를 믿는 이 작은 자 중 하나를 실족하게 하면 차라리 연자 맷돌이 그 목에 달려서 깊은 바다에 빠뜨려지는 것이 나으니라 마 18:6

이 본문에 나오는 연자 맷돌은 우리가 아는 맷돌 정도가 아닙니다. 소나 나귀에 매어 돌리게 하는 대형 맷돌로 주로 곡식을 빻는 데 사용됩니다. 연자 맷돌이 목에 달려 바다에 던져지면 그 사람은 살 수 없습니다.

작은 자 하나를 실족시키는 것이 집채만한 연자 맷돌을 목에 걸어서 바다에 던져 죽일 만큼 무서운 벌을 받아야 하는 심각한 죄입니까? 예수님은 살인자와 강도도 용서하셨는데, 왜 실족시키는 자에게는 이렇게 무서운 벌을 내리는 것일까요? 도대체 어디서 실족하게 한다는 것입니까? 바로 주님을 믿는 믿음에서 실족하게 하면 실족한 사람에게 지옥이 기다리고 있기 때문이라는 말이 생략되어 있는 것입니다. 물론 우리는 불완전한 인간이기 때문에 본의 아니게 실족하게 하는 일이 없을 수는 없습니다. 그러나 실족하게 하는 그 사람에게는 화가 있다고 분명히 말씀합니다. 왜냐하면 지옥의 무시무시한 고통과 심판이 실제로 존재하기 때문입니다. 예수님의 모든 메시지는 결국 천국과 지옥입니다.

주기철 목사님이나 손양원 목사님은 말도 안 되는 생애를 사셨습니다. 주기철 목사님이 끝끝내 신사참배를 거부하자 어느 날 일제 순사가 택시를 불러서 택시에 태워 집에 보내주겠다고 제안합니다. 그러면서 가는 길에 신사(神社)가 있는 곳을 지나갈 텐데, 그때 창문을 내리고 고개만 살짝 숙이면 그것으로 석방시켜주겠다는 것이었습니다. 정말 엄청난 유혹입니다. 그러나 주기철 목사님은 거절하고 스스로 다시 감옥에 들어가셨습니다. 손양원 목사님은 자기 자식을 둘이나 죽인 원수를 양자 삼아 한 집에서 살았습니다. 이것이 이해가 됩니까? 이 세상의 논리로는 이해가 되지 않습니다. 이 세상이 전부라면 이해가 되지 않지만 천국과 지옥이 있다면 다 풀립니다.

만일 그리스도 안에서 우리가 바라는 것이 다만 이 세상의 삶뿐이면 모든 사람 가운데 우리가 더욱 불쌍한 자이리라 고전 15:19

그러나 우리는 가장 불쌍한 자가 아닙니다. 이 세상이 전부가 아니기 때문입니다. 지옥과 천국은 반드시 있습니다. 그중에서도 지옥이 얼마나 무서운 곳인지 깨달아야 합니다. 지옥에 가는 것보다 손발을 잘라버리고 눈을 뽑는 것이 낫다고 말씀하셨다는 것을 잊지 말아야 합니다. 너무 극단적으로 들립니까? 손과 발과 눈알이 뽑히는 한이 있더라도 반드시 가야 할 곳이 천국이고, 사지가 멀쩡해도 절대 가지 말아야 할 곳이 지옥입니다.

만일 네 손이나 네 발이 너를 범죄하게 하거든 찍어 내버리라 장애인이
나 다리 저는 자로 영생에 들어가는 것이 두 손과 두 발을 가지고 영원
한 불에 던져지는 것보다 나으니라 만일 네 눈이 너를 범죄하게 하거든
빼어 내버리라 한 눈으로 영생에 들어가는 것이 두 눈을 가지고 지옥 불
에 던져지는 것보다 나으니라 마 18:8-9

"네 손이나 네 발이나 네 눈이 너를 범죄하게 하거든", 그러면 왜
범죄하면 안 됩니까? 그 범죄함으로 지옥에 가게 된다는 말이 생략
되어 있는 것입니다. 나를 죄짓게 하는 손발을 잘라버리고 눈을 잃
은 채 비록 이 세상에서 몇십 년 멸시천대를 받고 불편하게 참고 살
다가 천국에 들어가는 것이 죽어서 영원히 지옥 불구덩이에 들어가
는 것보다 낫다고 말씀합니다.

도대체 예수님은 왜 이렇게 극단적인 말씀을 하시는 것입니까? 그
만큼 천국과 지옥이 우리에게 실제이자 큰 문제이기 때문입니다. 구
원의 문제를 소중히 여겨야 영생을 얻기 때문입니다.

우리가 이같이 큰 구원을 등한히 여기면 어찌 그 보응을 피하리요…
히 2:3

그러니까 지옥을 알아야 지옥에 가지 않을 가능성이 높아지고 천
국을 알아야 천국에 갈 가능성이 높아집니다. 그러나 100퍼센트는

아닙니다. 천국을 안다고 가는 것이 아니고 지옥을 안다고 안 갈 수 있는 것이 아니라 믿음을 가져야 가는 것입니다.

지옥 설교가 사라지면 더 많이 지옥 간다

사람은 누가 시켜서 움직이는 존재가 아닙니다. 자기가 믿는 대로 신념에 따라 움직입니다. 예수님이 다시 오셔서 우리를 심판하신다는 믿음이 있고, 천국과 지옥이 있다는 것을 믿으면 우리는 함부로 살지 못합니다. 그런데 그것을 믿지 않으니까 교회를 다니는 크리스천들도 안 변하고 이 세상에 집착하고 은밀한 죄를 짓고 사는 것입니다.

그럼 왜 그렇게 천국과 지옥을 믿지 않게 되었을까요? 전해주는 자가 없어서 그렇습니다. 강단에서 지옥 설교를 하지 않으면 지옥 가는 사람이 많아질 수밖에 없습니다.

누구든지 주의 이름을 부르는 자는 구원을 받으리라 그런즉 그들이 믿지 아니하는 이를 어찌 부르리요 듣지도 못한 이를 어찌 믿으리요 전파하는 자가 없이 어찌 들으리요 롬 10:13-14

구원의 전제 조건은 주의 이름을 부르는 것입니다. 부르려면 믿어야 하고, 믿으려면 들어야 하고, 들으려면 외치는 자가 있어야 합니다. 외치려면 말씀, 즉 메시지가 있어야 합니다. 그 외침은 참된 예수님의 복음이어야 합니다. 지금도 설교를 통해 수많은 메시지가 외쳐지지만, 지옥에 대한 설교가 없기 때문에 지옥을 알지 못하고, 지옥을 알지 못하니 믿을 수 없고, 믿지 않으니 지옥에 떨어지는 악순환이 계속됩니다. 따라서 지옥 설교가 사라진다면 더 많은 사람들이 지옥에 가게 될 것입니다.

설교자들은 이구동성으로 역사에 길이 남을 설교로 조나단 에드워즈의 '진노한 하나님의 손에 붙들린 죄인들'을 꼽습니다. 조나단 에드워즈가 280년 전에 했던 경고를 들어보십시오.

"회심하지 않은 사람들은 썩은 덮개로 가려진 지옥 구덩이 위를 걷고 있는 셈인데, 그 덮개가 너무 약해 언제 그 구덩이에 빠질지 모른다. 지옥에 대해 말하면 거의 모든 자연인들이 자기는 지옥에 가지 않을 것이라 생각하며 자위한다. 그들은 앞서 죽은 자들 가운데 지옥에 간 사람들의 수가 훨씬 많다는 말도 잘 듣는다. 그러나 그런 말을 들을 때에도 자기는 지옥을 피할 확실한 방법을 갖고 있다고 여긴다."

쓴소리 복음

엄밀히 말해 복음(Good News)은 좋은 소리가 아닙니다. 복된 소식이라고 말하기에 부족합니다.

> 내가 복음을 부끄러워하지 아니하노니 이 복음은 모든 믿는 자에게 구
> 원을 주시는 하나님의 능력이 됨이라 먼저는 유대인에게요 그리고 헬라
> 인에게로다 복음에는 하나님의 의가 나타나서 믿음으로 믿음에 이르게
> 하나니 기록된 바 오직 의인은 믿음으로 말미암아 살리라 함과 같으니
> 라 롬 1:16-17

바울은 "내가 복음을 부끄러워하지 않는다"라고 했습니다. 그러
나 그 당시 복음은 부끄러운 것이었습니다. 나무에 달린 자마다 저
주 아래에 있는 자라고 했는데, 십자가에 달린 예수가 어떻게 하나
님의 아들일 수 있느냐는 것입니다. 신이 십자가에 달려 죽는다는
그런 끔찍한 소리는 꺼내지도 말라고 했습니다. '십자가에 못 박힌
그리스도'는 유대인에게는 거리끼는 것이요 헬라인에게는 미련한 것
이었습니다. 그러나 바울은 이 복음이 모든 믿는 자에게 구원을 주
시는 하나님의 능력으로 이 복음을 믿는 자는 살 것이기 때문에 이
복음을 부끄러워하지 않는다고 말합니다. 그러니까 복음은 "살리는
소식"입니다.

이 시대는 복음을 달콤한 소리로 착각합니다. 그러나 복음은 좋
은 소리가 아니라 살리는 소식이 되어야 합니다. 마귀가 아담과 하
와에게 뭐라고 했습니까? "그 열매를 먹어도 죽지 않아. 오히려 눈이

밝아져." 이 달콤한 소리 때문에 인류에게 죽음이 찾아왔습니다. 마치 그들이 모르는 것을 가르쳐주는 듯한 좋은 소리 같았지만, 쓸데없는 눈이 밝아져 오히려 하나님을 보지 못하고 죄가 보이기 시작하고 죄에 빠지게 되었습니다. 그것은 영적으로 사망의 소리였습니다.

친구의 쓴소리가 원수의 달콤한 소리보다 나은 것을 모르는 자들에게는 복음이 좋은 소식이 아니라 쓴소리로 들립니다. 세례 요한도 복음을 전했습니다. "회개하라 천국이 가까이 왔느니라"(마 3:2). 이 소리를 누가 유쾌하게 받아들이겠습니까? 그러나 복음은 쓴소리가 될 수 있습니다.

요한이 세례 받으러 나아오는 무리에게 이르되 독사의 자식들아 누가 너희에게 일러 장차 올 진노를 피하라 하더냐 그러므로 회개에 합당한 열매를 맺고 속으로 아브라함이 우리 조상이라 말하지 말라 내가 너희에게 이르노니 하나님이 능히 이 돌들로도 아브라함의 자손이 되게 하시리라 이미 도끼가 나무 뿌리에 놓였으니 좋은 열매 맺지 아니하는 나무마다 찍혀 불에 던져지리라 눅 3:7-9

세례받을 자격도 없고 아브라함의 자손도 아닌 너희 "독사의 자식들아!", 이렇게 강한 말씀을 복음으로 듣는 사람이 회개의 자리로 나오게 됩니다. 그러자 사람들은 그러면 우리가 무엇을 해야 하느냐고 물었습니다. 두 벌 옷을 가졌으면 옷 없는 자에게 나눠주고,

세리들은 부과된 세금 외에 거두지 말고, 군인들은 사람들에게 억지로 빼앗지 말고 받는 봉급을 만족하게 여기라고 합니다. 이것은 정말 쓴소리입니다. 그러나 이렇게 행하면 삽니다. 복음은 살리는 것입니다.

지옥에 대한 설교는 복음이다

우리는 지옥을 반드시 알아야 합니다. 그래야 지옥을 피할 수 있습니다. 지옥을 알아야 내가 사랑하는 사람들을 지옥에 보내지 않고 지켜낼 수 있습니다. 그러니까 지옥에 대한 메시지 역시 복음입니다. 사람이 죽으면 가는 나라가 천국이고, 사람이 죽어서 가는 감옥이 지옥입니다. 천국과 지옥은 분명히 영원한 시간과 장소의 개념 안에 존재합니다. 따라서 한번 정해지면 바꿀 수 없기 때문에 살아 있는 동안 반드시 천국과 지옥을 믿어야 하는 것입니다.

그렇지만 보고 믿는 것은 믿음이 아닙니다. 죽고 나서 지옥에 갔는데 '어이쿠, 지옥이 있었네. 이제라도 정신을 차려야겠다' 이렇게 믿을 수 있는 것이 아닙니다. 부자가 죽어 음부에서 고통 중에 아브라함에게 요청합니다. 나사로를 보내어 혀에 물 한 방울만 적셔달라고 말입니다. 하지만 그럴 수가 없는 곳이 지옥입니다. 지옥에서는 하물며 구더기도 죽지 않습니다. 지옥에 가는 순간 영원히 지옥에서 나올 수 없는 형벌을 받게 됩니다.

지옥이 이렇게 심각한 곳인데 오늘날 강단에서 지옥에 대한 설교가 사라지고 있습니다. 제가 천국과 지옥의 원색적인 복음을 전하면 듣게 되는 말이 있는데, 누가 설교를 그렇게 길게 하느냐는 것과 사람들이 그런 설교를 들으려고 하지 않는다는 것입니다. 그러나 저는 성경대로 설교해야 하고, 천국과 지옥의 메시지는 모든 설교 가운데 반드시 넣어야 하고, 이 세상이 전부가 아니고 영생이 있다는 것을 반드시 알려야 한다고 생각합니다. 그것이 성경의 궁극적인 목적이기 때문입니다.

설교 시간은 사람들의 영혼을 살리기도 하고 죽일 수도 있습니다. 저는 단 한 번의 예배로 인생이 달라질 수 있다고 믿는 사람입니다. 바른 복음을 전하면 사람은 누구든지 뒤집어지게 되어 있습니다. 2천 년 교회사 중에 교회가 가장 힘이 셌다고 할 수 있는 것은 중세시대입니다. 세상적인 기준으로 보면 황제와 교황의 싸움에서 교황이 승리할 만큼 교권(敎權)이 강력했습니다. 면죄부를 팔고 십자군전쟁까지 일으켰습니다. 그러나 그 시대에 가장 많이 지옥에 갔습니다. 왜냐하면 거짓 복음이 외쳐지고 있었기 때문입니다. 반면에 가장 순수하게 부흥이 될 때 그 특징이 있었는데, 강단에 천국 지옥 설교가 넘쳐났다는 것입니다. 18세기 영국의 감리교운동과 미국의 대각성운동을 일으켰던 조지 휫필드는 죄와 심판에 대한 설교의 대가였습니다.

마귀를 긴장시키는 복음은 천국과 지옥이 있다는 복음입니다. 인간은 천국과 지옥의 갈림길에 서 있습니다. 마귀도 능력이 있습니다. 그 능력과 부요함과 세상의 권세를 가지고 한 영혼이라도 더 지옥으로 끌어가려고 지금도 우는 사자와 같이 삼킬 자를 찾아 돌아다닙니다. 우리 주님이 하시려고 하는 일의 최종 목적은 우리가 이 땅에서 행복하게 잘 사는 것이 아닙니다. 예수님이 우리에게 주려고 하시는 것은 떡도 아니요 이 세상의 평안도 아닙니다.

… 세상에서는 너희가 환난을 당하나 담대하라 내가 세상을 이기었노라 요 16:33

주님은 지옥을 이기고 마귀를 이기고 사망의 권세를 이기기 위해 이 땅에 오셨습니다. 주님은 우리에게 이 복음의 무기를 주셨습니다. 그러니까 우리도 이길 수 있습니다.

원색적인 복음 vs 타협하는 복음

강단에서 지옥에 대한 설교가 사라지면 교회는 망할 수밖에 없습니다. 영혼들이 깨어나지 못하기 때문입니다. 영국의 마틴 로이드 존스 목사는 원래 의사였습니다. 그런데 아무리 병을 고쳐도 죄를 짓는 문제가 해결이 되지 않자 영혼의 의사가 되기로 결심하고 목사가 되었습니다. 그 분이 한 말 중에 제가 정말 인상 깊게 들은 말이 있습니다. "어떤 목사가 설교를 통해서 지옥에 갈 단 한 명이라도 천국으로 가게 한다면 나는 그 목사의 모든 죄를 용서해줄 수 있다." 한 영혼을 살리는 것이 이렇게나 중요하다는 것입니다. 또 이런 말도 했습니다. "목회자들이여, 당신이 목회할 때 적어도 3개월에 한 번은 당신의 교회의 성도들이 전부 지옥에 간다는 것을 전제하고 설교하십시오." 전부 지옥에 갈 자로 여기고 엄중히 경고할 필요가 있다는 것입니다.

그런데 오늘날 교회의 현실은 그렇지 않습니다. 구원을 이미 받았다고 생각하고 설교할 때가 너무 많습니다. 그러나 의사가 환자를 만날 때 의사는 그가 환자라는 생각을 가지고 접근합니다. 겉으로 아무리 멀쩡해 보여도 분명히 어디 아픈 곳이 있어서 왔다고 생각하고 진찰을 시작하는 것이 의사가 하는 일입니다. 교회도 마찬가지로 성도들을 대해야 합니다. 세상에서는 괜찮은 사람처럼 보여도 말씀으로 그 사람을 진찰해보는 것입니다.

총동원주일에 아내의 등쌀에 못 이겨 교회에 나오는 분들 중에는 도덕적으로 부끄러울 것이 없는 분들이 많습니다. 술도 먹지 않고 외도도 하지 않고 자식 키우는 일에도 열심입니다. 오히려 믿는 자들보다 낫다는 우월감을 가진 분들도 꽤 있습니다. 하지만 하나님이 원하시는 삶은 윤리적인 삶이 아닙니다. 천국과 지옥이 있고 지금처럼 살면 지옥에 간다는 원색적인 복음으로 그 사람의 굳은 마음을 깨트려야 합니다. 죄는 도둑질하고 죽이는 것만이 아니고, 음욕을 품고 여자를 보는 자는 마음에 이미 간음하였고, 형제를 미워하는 자마다 살인하는 자라는 말씀에 고꾸라지는 것입니다. 하나님이 택한 사람은 말씀을 들을 때 그 말씀이 들리기 시작합니다.

마귀는 고도의 술수를 씁니다. 복음을 전하지 못하게 하는 것입니다. 전하되 원색적인 복음은 전하지 말라는 것입니다. 원색적인 복음을 전하려면 우리도 공격적일 수밖에 없습니다. 이슬람이나 이단에게 가짜라고 분명히 말해야 합니다. 천주교가 주장하는 연옥은 가짜이며 천주교 교리대로 믿으면 지옥에 간다고 말하는 것이 원색적인 복음입니다. 서로 사랑하고 섬겨주고 용납하고 양보하라는 설교만 하면 마귀가 우리를 건드릴 일이 없습니다.

초대교회에도 처음에는 큰 핍박이 없었습니다. 왜냐하면 로마는 다종교 국가이기 때문에 여러 신들을 인정했고, 그래서 이스라엘이 로마의 지배하에 있었지만 유대교의 회당과 안식일이 인정되었으며 바리새인과 제사장들도 존재했습니다. 그 대신 황제도 섬기라는 것입니다. 유대인들은 로마의 정책에 타협적이었습니다. 그러나 예수 그리스도 외에 다른 신이 있을 수 없었던 초대교회의 성도들은 죽여도, 죽어도, 길이요 진리요 생명이신 그리스도만 섬기는 일을 타협할 수 없었습니다.

다른 이로써는 구원을 받을 수 없나니 천하 사람 중에 구원을 받을 만한 다른 이름을 우리에게 주신 일이 없음이라 하였더라 행 4:12

원색적인 복음을 전하면 충돌이 일어날 수밖에 없습니다. 그러나 타협하는 복음을 전하면 충돌이 일어날 필요가 없습니다. 전도하고 복음을 전하면 충돌이 일어나기 시작합니다. 오늘날 교회 안에 현대판 바리새인들이 너무 많습니다. 그들은 자신이 살아온 종교인의 관습을 지적하고 자신이 만들어놓은 신을 복음으로 치고 들어오면 자존심과 얄팍한 자아를 견디지 못하고 고집을 부리거나 교회를 떠납니다. 그러나 말씀을 듣고 자신을 깨트리면 결국 하나님께 무릎을 꿇을 것입니다.

참된 생명을 가진 성도는 바리새인들 틈에서 견디지 못합니다. 반대로 참 생명이 있는 곳에서는 바리새인들이 견디지 못합니다. 육의 사람과 영의 사람은 같이 갈 수 없습니다. 예수님이 복음을 전했을 때 세리와 창기 같은 죄인들은 기쁘게 말씀을 듣고 구원받았지만 바리새인과 서기관과 제사장들은 끝내 자신들이 가진 것을 내려놓지 못하고 예수님을 잡아 죽이려고 했습니다.

강단에서 원색적인 복음이 사라진다는 것은 잎만 무성한 무화과나무가 되는 것입니다. 무화과나무는 무성한 잎을 보려고 심는 것이 아닙니다. 땔감으로 쓰려는 것도 아닙니다. 마찬가지로 교회의 강단은 세상의 사상과 철학을 전하라고 있는 곳이 아닙니다. 이 시대는 양식이 없어서 굶주린 것이 아니요 물이 없어서 목마른 것이 아니라 하나님의 진리의 말씀이 없어서 굶주리고 있습니다. 진리를 들을 기회가 사라지고 있습니다.

강단에서 복음이 선포되지 않으면 교회는 평안할지 모르나 죽습니다. 그러나 천국과 지옥의 메시지가 제대로 선포되면 교회는 일시적으로 충돌이 일어날 수 있지만 하나님께서 반드시 쓰실 것입니다.

교회 다니다가 지옥 가는 사람들

강단에서 복음을 외치지 않으면 그 피해는 고스란히 성도들에게 돌아갑니다. 복음을 듣지 못했는데 어떻게 믿겠습니까? 전해주는 자가 없기 때문입니다. 천국과 지옥 설교를 들어도 안 믿는 사람이 수두룩한데, 아예 전하지 않으면 어떻게 알고 어떻게 듣고 어떻게 믿을 수 있겠습니까?

그러면 왜 지옥에 대한 설교를 점점 듣기 어려운 시대가 되었을까요? 거짓 복음에 길들여진 사람들이 지옥 설교를 듣지 않으려고 하기 때문입니다. 지옥의 두려움과 공포를 알아도 교만해서 듣지 않으려고 하는 사람들도 너무 많습니다. 그러나 그럴 때일수록 강하게 나가야 합니다. 예수님도 복음을 전할 때 청중들의 기분을 배려하지 않고 전했습니다. 복음에는 타협이 없습니다. 타협하는 순간 복음이 아닙니다.

지옥을 안 믿는 사람의 기분을 맞추기 위해 지옥이 없다고 말할 수 있습니까? 술 담배 하는 사람을 얻자고 술 담배 해도 괜찮다고 말할 수 있습니까? 주일을 도저히 지킬 수 없다고 하면 주일은 힘닿는 대로 지키면 된다고 말할 수 있습니까? 기준을 낮추면 망하게 됩니다. 지금 이 시대는 구원의 기준, 말씀의 기준이 점점 떨어지고 있습니다. 만일 초대교회 성도가 이 시대에 와서 우리와 같이 지낸다면 뭐라고 할까요? 극장인지 교회인지, 공연인지 찬양인지, 강의인지 설교인지 모르게 많이 변했다고 할 것입니다. 그러나 교회는 한 가지만 하면 됩니다. 교회가 하나님의 입이 되어서 하나님의 말씀만 전하면 되는 것입니다.

어느 날 문득 이런 생각이 들었습니다. '이단에 빠져서 지옥 간 사람이 많을까? 교회 다니면서 멀쩡히 아멘 아멘 하다가 지옥 간 사람이 많을까?' 멀쩡히 정통 교회에 다니다가 지옥 간 사람이 더 많겠다는 생각이 들었습니다. 신천지나 여호와의증인 같은 이단이 얼마나 되는지는 통계라도 잡힙니다. 그런데 교회 안에 있으면서 복음을 듣지 못해 지옥에 간다? 기존 교회에서 복음을 듣지 못하고 잠자고 있다가 자기는 천국에 간다고 확실히 믿고 있었는데 지옥에 가는 사람이 헤아릴 수 없이 많다면 이것을 어떻게 해야 할까요?

한 분을 위한 복음 설교

저는 개척해서 지금까지 매주 설교를 하면서 단 한 번도 100프로 구원받은 성도들 앞에서 설교를 해본 적이 없다고 고백합니다. 이론적으로 성도가 3, 40명쯤 되고 성원이 바뀌지 않으면서 20년 정도 계속 바른 복음을 전했을 때 그들을 다 천국으로 인도했다고 해도 건방진 말이 될 것입니다. 물론 하나님이 예정하지 않으셨다면 안 되는 일입니다만 확률은 더 높아집니다.

그렇지만 지금은 계속해서 교회에 사람들이 유입됩니다. 매주 교회에 새로 나온 분이 있습니다. 또 교회 안에는 초신자도 있고 장성한 자도 있습니다. 그래서 제가 양해를 구하며 전하고 또 전하는 것은 이 말씀으로 오늘 거듭나야 하는 분이 있다는 것입니다. 구원받은 자는 들었던 이야기라고 등한히 여기지 말고 참고 또 들으시라고 말씀드립니다.

흔히 내세의 복음, 천국과 지옥의 원색적인 복음을 설교한다고 해서 저 목사는 그런 스타일이라거나 저 교회는 그런 교회라고 생각하는 함정에 빠질 수가 있습니다. 그러나 반드시 천국과 지옥이 있다는 확고한 복음을 전해야 성도들이 영원히 삽니다. 지옥을 알아야 지옥을 봉쇄할 수 있고 지옥과 멀어집니다. 예수님을 알아야 예수님을 믿을 수 있습니다. 천국을 알아야 천국을 침노할 수 있다는 것을 기억하시기 바랍니다. 천국과 지옥이 정말 있다는 것을 믿으면 이 땅의 모든 성도가 분명히 변화될 것입니다.

chapter **07**

산 순교자와 죽은 순교자

마태복음 16:13-28

디모데후서는 바울의 마지막 편지인데 바울은 디모데에게 자신에게 올 때 "마가를 데리고 오라 그가 나의 일에 유익하니라"(딤후 4:11)라고 하는 대목이 나옵니다. 사실 마가는 1차 전도여행 당시 바울과 바나바를 버리고 돌아가버렸기 때문에 바울은 그런 마가가 마음에 차지 않았습니다. 2차 전도여행을 앞두고 바나바는 자신의 사촌 마가를 데리고 가자고 하였지만 바울은 일전에 함께 일하러 가지 않은 마가를 데리고 가는 것에 반대하여 바울과 바나바가 크게 다투고 결별하게 되었습니다. 결국 바나바는 마가를 데리고 떠나고 바울은 실라를 택하여 동행하게 됩니다.

그런데 시간이 흘러 바울이 마가를 챙기는 모습을 보면서 바울이 마가보다 훨씬 더 많이 변화되었다는 것을 느낍니다. 오해를 풀고 용납해주는 것은 힘든 일입니다. 마가가 대단해서 바울이 그를 받아들였다기보다 그만큼 바울의 마음이 넓어진 것입니다. 어쩌면 바울은 자신의 죽음이 가까운 것을 알고 '그때 내가 마가를 품었더라면, 마가에게 다시 한번 기회를 주었어야 했는데…' 하고 후회했는지도 모릅니다.

이 세상에는 오해 때문에 빚어지는 일들이 많습니다. 우리가 말한마디를 오해하여 평생의 친구가 원수가 되기도 하고, 부모 자식 사이가 멀어지기도 합니다. 오해를 하거나 오해를 받는 일들이 교회에서도 수없이 일어납니다. 물론 그런 일들이 없어야 하겠지만, 그런 오해도 이 땅에서 힘들고 어려운 일로 끝이 납니다. 그러나 우리가 하나님을 오해하고 복음을 오해하는 일은 결코 하지 말아야 합니다. 예수님을 오해하지 말아야 합니다.

예수님을 오해하였다!

예수님이 가이사랴 빌립보에서 제자들에게 "사람들이 나를 누구라고 하느냐"라고 물으십니다. 그러자 제자들이 대답합니다. "누구는 세례 요한, 누구는 엘리야, 누구는 예레미야나 선지자 중 하나라고 합니다." 죽은 자를 살리고 새 교훈을 가르치고 엄청난 센세이션을 일으키고 있으니 평범한 분은 아니라는 말입니다.

이르시되 너희는 나를 누구라 하느냐 시몬 베드로가 대답하여 이르되 주는 그리스도시요 살아 계신 하나님의 아들이시니이다 마 16:15-16

주님은 이 말을 듣고 맞다 틀렸다 하지 않고 이어서 제자들에게 물으십니다. "너희는 나를 누구라고 하느냐?" 이 질문에는 두 가지 의미가 있습니다. 세상 사람들은 나를 정확히 모른다는 것과 그렇지만 제자들은 예수님이 누구신지 정확히 알아야 한다는 것입니다.

그때 베드로가 정확한 대답을 합니다. "주는 그리스도시요 살아 계신 하나님의 아들이시니이다." 그러니까 예수님은 그리스도, 즉 우리의 구원자라는 것입니다. 선지자 정도가 아닙니다. 선지자는 앞으로 오실 구원자를 소개하는 사람입니다. 주님은 선지자가 예언한 구원자, 우리가 기다려온 그 구원자라는 인류 역사상 첫 고백입니다. 또한 베드로는 예수님을 하나님의 아들이라고 했습니다. 아무리 위대한 선지자도 하나님의 아들이라고 말하지 않았습니다. 베드로는 지금까지 아무도 감히 입에 담지 못한 말을 한 것입니다. 그러자 예수님은 이 고백이 베드로가 할 수 있는 고백이 아니라고 말씀하십니다. 하늘에 계신 아버지가 알게 하셔서 베드로의 입술로 증언하여 예수님을 소개한 것입니다.

따라서 우리도 예수님을 이렇게 알아야 합니다. 단순히 세례 요한, 엘리야, 선지자 정도로 예수님을 알면 큰일납니다. 천국에 들어갈 수 없습니다. 그런데 그 당시 종교 지도자들은 예수님을 선지자 정도로 알았습니다. 그래서 예수님을 미워하고 자기 죄 때문에 죽었다고 생각했습니다. 예수님에 대해서 아무것도 모르는 자들이었습니다.

그는 실로 우리의 질고를 지고 우리의 슬픔을 당하였거늘 우리는 생각하기를 그는 징벌을 받아 하나님께 맞으며 고난을 당한다 하였노라 그가 찔림은 우리의 허물 때문이요 그가 상함은 우리의 죄악 때문이라 그가 징계를 받으므로 우리는 평화를 누리고 그가 채찍에 맞으므로 우리는 나음을 받았도다 우리는 다 양 같아서 그릇 행하여 각기 제 길로 갔거늘 여호와께서는 우리 모두의 죄악을 그에게 담당시키셨도다 사 53:4-6

그러나 예수님은 당신 자신의 죄 때문에 죽은 것이 아니고 우리의 죄 때문에 죽어주셨습니다. 구원자이기 때문에, 하나님의 아들이기 때문에 부활하셨습니다.

당신도 오해했는가?

교회를 다니면서도 교회를 오해하고 예배를 오해하고 복음을 오해하며 살아가는 자들이 있습니다. 그러면서 하나님의 자녀라는 확신에 차 있습니다. 그러나 그것은 단단히 착각한 것입니다. 착각은 자유이지만 그 결과는 절대 장담할 수 없습니다.

사람들이 가장 많이 착각하고 오해하는 말씀이 있습니다.

이에 예수께서 제자들에게 이르시되 누구든지 나를 따라오려거든 자기를 부인하고 자기 십자가를 지고 나를 따를 것이니라 마 16:24

아마 이 말씀을 처음 듣는 사람은 한 명도 없을 것입니다. 정말 흔한 말씀인데 상당수가 오해하는 말씀이기도 합니다. 우리는 모두 예수님을 따르자고 하는 사람들입니다. 그래서 예수님을 따라간다고 집도 버리고 부모도 버리고 직업도 버리고 미래도 포기하고 예수님을 따라왔습니다. 그런데 그렇게 예수님을 따라온 사람들에게 예수님은 오해하지 말라고 말씀하십니다. 저도 학창 시절에 이 말씀을 처음 읽고 자신이 가진 모든 것을 버릴 정도의 각오가 있어야 예수님을 따를 수 있다고 생각했습니다. 여러분도 예수님을 따르는 것이 어렵고 힘들다는 정도로 이 말씀을 받아들이지 않으셨습니까?

그런데 중요한 것은 지금 그렇게 살고 있지 않다는 것입니다. 단순히 예수님을 따르는 것이 정말 어려운 일이라고 생각만 하지, 실제로 그렇게 살지는 않는다는 것이 바로 많은 사람들이 하는 오해입니다. 예수님이 저 말씀을 하신 이유는 단단히 각오하고 따라오라는 것이 아니라 진짜 그렇게 살면서 따라야 한다는 것입니다. 오른뺨을 맞았는데 참고 한 대 안 때리기만 해도 우리는 말씀에 근접한 삶을 산다고 생각합니다. 그런데 예수님은 참는 정도가 아니라 왼뺨도 내주어야 한다는 것입니다. 하지만 우리는 그렇게 살지 않고 있습니다.

누가 내 속옷을 뺏으려고 하면 절대 뺏기지 않습니다. 그저 남의 것을 빼앗지 않는 정도로 만족하며 사는 것입니다. 그 정도만 해도 엄청난 변화이고 하나님의 자녀가 되었다고 스스로 위로하며 살아가는 우리에게 예수님은 속옷을 달라고 하면 겉옷까지 주라고 하십니다. 그런데도 단순히 이웃을 사랑하고 친절을 베풀라는 정도로 만족한다면 그것은 우리가 말씀을 단단히 오해하는 것입니다.

누구든지 : 신자는 제자다

우리는 첫 단추부터 잘못 끼우고 예수를 믿기 시작하는 경우가 너무 많습니다. 예를 들면 '교회에 처음 나온 사람은 성경책을 가지고 오지 않아도 된다', '아직은 술 담배도 괜찮다', '초신자는 새벽기도를 드리기 어렵다', '아직 세례도 받지 않았는데 십일조를 어떻게 하느냐' 은연중에 이런 생각을 가지고 신앙생활을 시작합니다. 그뿐만 아니라 제자훈련은 교회를 오래 다니고 어느 정도 믿음이 성장한 사람이 한다고 생각합니다.

그러나 성경에는 그런 말이 없습니다. 우리는 교회에 나오는 순간부터 제자가 되는 것이 목적입니다. 그런데 이 땅의 많은 그리스도인들이 자신을 제자라고 생각하지도 않고, 제자가 되려고 결심하지도 않습니다. 세상과 하나님에게 한 발씩 걸치고 살아가면서 그것을 심각한 행동이라고 전혀 생각하지 않습니다. 지금 우리의 수준은 완전히 바닥을 치고 있는 것입니다. 교회 건물이 화려하고 음향, 찬양팀, 첨단 장비를 다 갖춘들 주님과 상관이 없으면 무슨 소용입니까.

스스로 예외를 두지 마십시오. 예수님은 '누구든지'라고 하셨지 특정한 사람만 이 말씀대로 살라고 하지 않으셨습니다. 우리가 다 그렇게 살아야 합니다. 특별한 사명자가 따로 있는 것이 아닙니다. 우리 신앙의 출발 자체가 잘못됐습니다. 교회에 나오는 것도 자기 선택이고, 헌신하는 것도, 헌금을 드리는 것도 자기 선택이라고요? 선택이 아닙니다. 우리에게는 선택권이 없습니다. 주님은 누구든지 나를 따라와야 된다고 말씀하셨습니다. 예수님을 따르는 것은 선택 사항이 아니라는 말입니다.

많은 사람들이 적당히 교회생활 하면 천국에 간다는 생각에 빠져 있는데 그렇지 않습니다. 성경에는 제자만 있지 다른 것은 없습니다. 예수님을 따르느냐 안 따르느냐만 있지, 예수님을 따라도 되고 안 따라도 되거나 예수님을 잘 따르는 사람, 예수님을 적당히 따르는 사람이 있는 것이 아닙니다. 우리는 둘 중에 하나입니다. 오른편 왼편, 좁은 길 넓은 길, 천국 지옥, 제자 불신자 그뿐입니다. 제자 된 목사가 있고, 제자 된 성도가 있는 것이지, 예수님의 제자가 아니면 그리스도인이라고 할 수 없습니다.

지금은 교회가 완전히 백화점이 되었습니다. 교회가 성도들을 모으기 위해 우리 교회는 주차장이 있고, 냉난방 완비, 극장식 의자에 아이들에게 영어까지 가르쳐준다고 소개합니다. 또 사람들이 그런 교회를 찾습니다. 이런 풍토에서 사람들이 교회에 오면 쥐면 깨질까 불면 날아갈까, 사람들 눈치 보기에 바쁘기 때문에 설교 시간에 졸아도, 술을 먹고 와도, 주일을 지키지 않아도 싫은 소리를 못합니다. 바른길을 가지 못하고 있으면 혼을 내서라도 제대로 된 길로 인도하는 것이 교회인데, 달래고 맞춰주기에 급급하면 어떻게 됩니까? 결국 그 사람은 제자가 되지 못합니다. 제대로 성경을 읽겠습니까? 새벽기도, 철야기도를 하고, 노방전도를 할 수 있겠습니까? 이 교회 저 교회 찾아 헤매다가 결국 지옥에 가고 말 것입니다.

지금은 군대의 상황이 많이 달라졌지만 예전 같으면 군대에 가기도 전에 '군대에 가면 나는 죽었다' 이런 각오로 갔습니다. 군대에 다녀온 아버지라면 훈련소에 들어가기 전에 머리 깎은 아들에게 "넌 이제 죽었다"라고 말했습니다. 일단 군대에 들어가면 개인의 자유는 없어집니다. 훈련받으면서 고생하고, 선임에게 반말 듣고, 휴가가 아니면 나올 수 없고, 반드시 정해진 시간에 취침하고 기상하고, 반찬 투정도 할 수 없습니다. 그런데 그런 줄 알고 가는 곳이 군대입니다. 군대도 일단 죽고 시작하는데 하물며 예수님을 따르는 것은 어떻겠습니까?

그런데 초대교회는 정말 그랬습니다. 예수님을 믿으면 버릴 게 너무 많고, 버리다 버리다 목숨까지 버려야 하기 때문에 예수님을 믿지 않으려고 했습니다. 그러니까 믿는 자가 적었습니다. 그러나 진짜만 모였습니다. 그런 줄 알고 믿었기 때문입니다. 그런데 요새는 그런 줄 모르고 시작합니다. 교회인데 교회가 아니고, 성도인데 성도가 아니고, 예배를 드리고 있는데 예배가 아니라면 결국 믿음을 오해하고 있는 것이 아니고 뭐겠습니까? 그러면 전부 천국에 못 갑니다. 왜냐하면 하나님의 기준은 변한 적이 없기 때문입니다. 아브라함의 믿음이나 모세의 믿음이나 다윗의 믿음이나 제자들의 믿음이나 우리의 믿음이 똑같아야 합니다. 이 시대가 악하고, 맞벌이로 힘들고, 코로나로 힘드니까 요새는 주일성수하기가 힘들겠다고 봐줄 것 같은가요? 그런 일은 없다는 것입니다.

천국에 가는 기준은 상대적이지 않고 절대적입니다. 천국은 다른 사람보다 내 믿음이 좋아서 가는 곳이 아닙니다. 절대적 기준을 통과해야만 갈 수 있습니다. 하나님이 정해놓은 기준에 이르지 못하면 단 한 명도 갈 수 없습니다. 반대로 하나님의 기준에 이르렀다면 전 인류가 갈 수 있습니다. 이것이 하나님나라의 법칙입니다.

자기를 부인하고 : 너는 없다

마태복음 16장 24절의 말씀을 오늘날로 풀어서 제 식으로 설명해본다면 이렇습니다.

"나를 따라서 나의 제자가 되어 이 땅에서 살다가 천국에 들어오려거든 첫째, 너의 자존심, 지금까지의 학벌, 재산, 가문, 자식 자랑은 할 생각도 말고, 너의 체면, 너의 이름… 한마디로 너는 없는 것이다.

지금부터 나를 따르기 위해서는 모욕, 조롱, 무시, 침 뱉음도 받을 각오를 해야 하며, 직장도 사업도 이제부터는 너의 방식이 아닌 나의 방식으로 운영해야 한다. 또 때가 되면(너에게 해당되지 않을 수도 있지만) 나를 믿는다는 이유로 가족에게 버림받거나 세상에서 매장될 수도 있다. 그러다가 비참하게 죽을 수도 있다. 그러나 그런 상황이 온다 할지라도 너는 결코 나를 모른다고 해서는 안 된다. 나 때문에 죽는다 할지라도 나는 너를 죽도록 버릴 수도 있다. 잘 생각해보고 따져보아라. 사람에게 목숨보다 소중한 것은 없다. 그런데 그 하나밖에 없는 목숨을 나를 위해서 버린다면 내가 그 행한 대로 갚아주겠다."

예수님이 자기를 부인하라고 하신 것은 한마디로 "너는 없다"는 것입니다. 혈기, 고집, 자존심, 자랑은 어림없는 소리입니다. 이런 것을 가지고 있다면 주님의 제자가 될 수 없습니다. 교회 안에서 다툼이 끊이지 않습니다. "자기를 무시했다", "자존이 상한다", "안한다", "그만둔다", "바쁘다", "갑자기 일이 생겼다", "상처를 입었다", 상처를 왜 받습니까? 아직도 상처받고 넘어질 힘이 남아 있습니까? 그것은 여전히 자기를 부인하지 못하기 때문입니다. 이것은 다른 사람의 이야기가 아닙니다. 우리의 교회에서 수없이 일어나고 있는 일들입니다.

미국의 한 대학생이 공산주의로 전향하고 나서 자신의 약혼자에게도 공산당에 입당하라고 권유했습니다. 그런데 약혼자가 이를 거절하자 결혼을 깨고 약혼자에게 다음과 같이 마지막 편지를 써서 보냈습니다.

"공산주의자들은 높은 희생을 하고 있다. 총에 맞으며, 교수형에 처해지며, 매를 맞고, 형벌을 당하며, 직장에서 해고되며, 기타 모든 방법으로 어려움을 당한다. 우리 중 몇 퍼센트는 죽임을 당했고 투옥 중이다. 우리는 사실상 가난 속에 살고 있다. 우리는 살아가는 최소한의 비용 외에 모두 당에 반환해야 한다. 우리 공산주의자들은 영화나 연주회 또는 고기, 좋은 집, 새 차 등을 위해 쓸 시간이나 돈이 없다. 한마디로 우리는 광신자들이다. 우리의 유일한 사명과 목적은, 오직 세계를 공산주의로 만드는 투쟁에 전력하는 것이다."

이 편지를 끝으로 약혼녀와 절연했다고 합니다. 공산주의에 빠진 사람도 이렇게 삽니다. 이단에 빠진 사람도 가족을 버립니다. 가짜에 빠져도 저 정도인데, 우리는 진짜인데, 주는 그리스도시요 살아계신 하나님의 아들이신데, 그 예수님을 따르면서 왜 자신을 버리지 못합니까? 이 말씀을 오해하면 안 됩니다. 이 말씀을 그대로 받아들여야 합니다. 나를 따라오려면 자기를 부인하라고 하셨는데 다른 것이 우상숭배가 아닙니다. 자신을 내려놓지 못하는 고집이 우상숭배입니다. 불순종은 점치는 죄와 같고 완고한 것은 우상에게 절하는 죄와 같다고 하신 말씀을 기억하십시오.

자기 십자가를 지고 : 순교자의 삶

자기를 부인하여 자신을 죽였다면 이제 자기 십자가를 져야 합니다. 저도 처음에는 이 말씀을 고생하라는 소리로 알았습니다. 많은 분들이 속 썩이는 자녀 문제, 믿지 않는 부모님을 자기 십자가로 받아들이는데, 그 정도가 십자가면 견딜 만한 것입니다. 여기서 십자가를 지라는 것은 로마시대 당시 십자가를 지라는 것으로 말 그대로 죽으라는 것입니다. 예수님을 따라오면 죽을 수 있다는 것을 분명히 한 것입니다. 십자가를 진다는 것은 순교자가 되는 것입니다. 대부분 순교자는 이 땅에서 복음을 위해 죽는 자라고 생각하는데 순교자에는 두 종류가 있습니다.

첫째, 자기를 부인하는 것은 '산 순교자'가 되는 것입니다. 바울은 "나는 날마다 죽노라"라고 했습니다. 바울이 나중에 교수형으로 순교하기 이전부터 바울은 이미 순교자로 살았습니다. 철저히 자기를 부정하며 하늘에 속한 자로 살았습니다. 결국 바울처럼 죽은 순교자로 생을 마감하는 자들도 있지만, 죽는 그 순간까지 산 순교자로서 살아가는 자들이 있습니다. 그들은 이미 죽음을 각오한 자들이어서 이 땅에서 순교할 기회가 찾아오면 기꺼이 죽은 순교자가 되었을 텐데 기회가 없었기 때문에 산 순교자로 산 것입니다. 안이숙 사모님은 주기철 목사님과 함께 옥고를 치렀지만 해방과 함께 석방되었고 산 순교자로 사셨습니다. 성경의 다니엘, 다니엘의 세 친구 역시 산 순교자입니다.

둘째, 십자가를 지고 진짜 죽는 '죽은 순교자'가 있습니다. 철저히 자기를 부인한 사람은 산 순교자, 십자가를 지고 진짜 죽는 죽은 순교자, 이렇게 두 부류가 예수님을 따르는 대가를 치르는 사람입니다. 결국 십자가를 진다는 것은 단순히 고생하라는 것이 아니라 진짜 죽는 것을 뜻합니다. 믿음의 사람들은 모두 순교자였습니다. 그래서 우리 모두 순교자가 되어야만 합니다.

예수님이 십자가에서 죽은 것은 힘이 없어서가 아니라 우리를 위해서 기꺼이 죽어주신 것입니다. 그러면 어떤 분들은 "주님은 힘이 있으신데 왜 스데반이 돌에 맞아 죽어갈 때 가만히 계셨습니까?" 이렇게 질문합니다. 결론을 먼저 말하면 주님이 힘이 없어서 죽어가는 스데반을 바라만 본 것이 아닙니다. 스데반이 죽은 것은 그의 순교의 때가 다가왔기 때문입니다. 즉 주님이 힘이 없어서 성도들이 죽어가는 것을 보고도 구하지 못하는 것이 아니라 그들의 순교를 받으시는 것입니다. 하나님은 일찍이 야고보를 순교자로 데려가셨고 베드로와 바울 역시 순교하였습니다.

하나님이 무능해서 북한의 지하교회 성도들이 죽어가는 것을 내버려두시는 것이 아니라 그들을 순교자로 받으시는 것입니다. 남한에 있는 성도들도 예수님의 제자가 되어 산 순교자로 이 시대를 살아가야 합니다. 이 땅에서는 산 순교자와 죽은 순교자가 되는 것입니다. 세상에 한 발, 하나님께 한 발을 걸치고 순교자로 살지 않으면 결국 고난의 순간에 전부 도망가게 됩니다. 예수님을 믿은 그 순간부터 순교자의 삶을 사는 것이 그리스도인입니다.

영광의 십자가를 지고 있는가?

또 어떤 이들은 조롱과 채찍질뿐 아니라 결박과 옥에 갇히는 시련도 받았으며 돌로 치는 것과 톱으로 켜는 것과 시험과 칼로 죽임을 당하고 양과 염소의 가죽을 입고 유리하여 궁핍과 환난과 학대를 받았으니 (이런 사람은 세상이 감당하지 못하느니라) 그들이 광야와 산과 동굴과 토굴에 유리하였느니라 히 11:36-38

이 말씀을 읽어보면 믿음의 사람들이 세상으로부터 받는 핍박에도 단계가 있습니다. 처음은 조롱으로 시작합니다. 흔히 '예수쟁이'라는 말을 듣습니다. 그다음 핍박은 예배를 드리지 못하게 만듭니다. 궁핍, 예수님 때문에 가난하게 되고, 학대, 직장에서 쫓겨나는 등 차별을 받습니다. 그런데 이 정도는 주로 마음만 힘들었다면 예수님을 믿는다는 이유만으로 옥에 갇히면서 육체적인 고통이 더해집니다. 지금은 그런 일들이 일어나지 않는 것 같습니까? 여전히 그런

나라들이 존재합니다. 광야에 버려지고, 돌로 쳐서 죽이고, 톱으로 켜서 죽입니다. 저는 톱질을 당하는 형벌이 가장 고통스러울 것 같습니다. 살아 있는 사람을 거꾸로 매달아서 톱으로 자른다는 것은 정말 상상할 수도 없는 고통입니다. 이렇게까지 하는데도 예수님을 부정하지 않는 자가 바로 세상이 감당할 수 없는 사람, 십자가를 진 사람입니다.

아도니람 저드슨은 미국 최초의 미얀마 선교사였습니다. 그 당시 미얀마에는 선교사가 없었고, 외국인에 대한 적개심도 극심했다고 합니다. 그런 상황에서 그는 장인이 될 분에게 결혼 허락을 받기 위해 편지를 보냈습니다.

"따님이 저와 결혼하면 아버님은 내년 봄에 따님과 헤어져 이 세상에서 다시 볼 수 없을지도 모릅니다. 따님은 선교지에서 고난을 겪게 될 것입니다. 바다의 위험과 인도 남부의 치명적인 기후, 극심한 가난, 모욕과 압제, 심지어 비참한 죽음에 노출될 것입니다. 그래도 저희 결혼을 허락해주십시오. 하늘 집을 떠나 따님과 아버님을 위해, 죽어가는 유한한 영혼들을 위해, 시온과 하나님의 영광을 위해 돌아가신 그분을 위해 허락해주십시오. 곧 의의 면류관을 쓴 따님을 영광의 세계에서 볼 소망으로 허락해주십시오."

앤의 아버지는 딸에게 결정을 맡긴다고 했습니다. 앤은 고민 끝에 그의 친구에게 편지를 썼습니다.

"하나님이 막지 않으신다면 이교도의 땅에서 보낼 날이 기대가 돼. 이곳의 모든 안락과 즐거움을 포기하고, 친척과 친구들을 향한 사랑도 접고, 하나님의 섭리 가운데 부르시는 곳으로 가기로 결심했어."

그들은 1813년에 미얀마로 떠났습니다. 1824년 감옥에 갇혀 40도의 더위 속에서 18개월 동안 비참하게 옥살이를 했습니다. 그 후 아내 앤은 석방되었지만 고열로 죽고 말았습니다. 그러나 남편 아도니람 저드슨은 포기하지 않았고, 그가 죽을 때는 7천 명의 그리스도인이 생겨났다고 합니다.

산 순교자의 삶과 흔적

강남 압구정로 한복판에서 예수천당 불신지옥 전도지를 전하고, 동성애 반대, 차별금지법을 막는 시위를 하던 저희 교회 권사님이 광명으로 이사를 가게 되었습니다. 그래서 누군가 자신이 전도하던 곳에서 계속 전도해주기를 부탁한 뒤 자신은 이사한 곳 광명에서 새롭게 전도를 시작했습니다. 그런데 강남에서 전도를 부탁한 분이 잘 나오지 않자 그 자리에서 이단이 전도한다는 소식을 듣고 다시 강남에서 전도하고 지하철로 이동하여 광명에서 전도하기 시작했습니다. 금요일에는 철야에 오기 전에 풍산역(제자광성교회 인근 전철역)에서 전도를 한다고 합니다.

그 소식을 듣는데 입으로만 떠들고 다니는 제 자신이 초라하고 부끄러웠습니다. 권사님에게 부끄럽고 죄송하다고 하니까 권사님이 저를 위로해주느라 목사님은 자신들에게 에너지를 공급해준다고 말씀하는데 그 말이 하나도 위로가 되지 않습니다. 이분이 바로 산 순교자의 삶을 살아가는 분입니다.

우리는 313년에 콘스탄틴 황제가 기독교를 공인하고 기독교가 로마의 국교로 인정받게 되었다는 것을 배웠습니다. 325년에는 니케아 종교회의가 열렸는데 여러 논쟁을 정리하고 기독교 교리를 통일할 필요가 있었기 때문입니다. 그때 각처에서 모인 목회자들이 약 300명이었는데, 대부분 눈이 뽑히거나 손이 잘리거나 두 다리가 잘려 나간 사람들이었습니다. 그동안 극심한 핍박으로 만신창이가 된 그들에게 성찬을 집례하던 감독이 이렇게 말했습니다.

"여러분, 우리는 주님을 위해 박해를 받다가 온몸이 이렇게 되었습니다. 그러나 이것은 고난의 흔적이 아니라 주님을 사랑했던 사랑의 흔적입니다. 주님 앞에서 칭찬받을 영광스러운 흔적입니다."

우리에게도 주님을 사랑한 흔적이 있어야 합니다. 그리스도인은 산 순교자와 죽은 순교자가 될 뿐입니다. 그 외에는 없습니다. 하나님나라는 이 땅을 포기하는 자가 가는 것입니다. 천국은 말쟁이가 아니라 순교자가 가는 것입니다. 손에 쟁기를 잡고 뒤를 돌아보는 자는 하나님의 나라에 합당하지 않습니다. 우리가 죽기를 각오하고 주님을 따르면 영원한 생명을 얻겠지만 주님을 이용해서 자신의 야망을 채우고 자신의 안위를 채우려고 하는 자는 마지막에 우수수 떨어지게 될 것입니다.

chapter **08**

내 영원한 본향 천국

요한계시록 21:1-4

명절이 되면 많은 사람들이 고향을 찾아가는 수고를 마다하지 않습니다. 요즘은 문화가 많이 바뀌었지만 제가 살았던 시대에는 명절 귀성 차표를 예매하느라 서울역이 인산인해를 이루었고, 열차에서 몇 시간씩 서서 가더라도 고생스럽게 고향을 찾아갔습니다. 그러면 우리 그리스도인들의 진짜 고향은 어디인지 생각해볼 필요가 있습니다.

그리스도인은 두 세계를 사는 사람들입니다. 땅에 살되 땅이 전부가 아니라 하나님의 나라 안에 속해 있습니다. 우리에게는 충성해야 할 나라가 두 곳 있습니다. 하나님의 나라와 대한민국입니다. 그런데 우리가 더 충성해야 할 진짜 우리나라는 어디냐고 할 때 우리는 기꺼이 하나님의 나라를 선택하는 것입니다. 그러면 세상 사람들이 우리에게 배신자라고 말할 수 있습니다. 어찌보면 기생 라합도 자기 민족을 버린 사람입니다. 그러나 성경은 그를 믿음의 여인이라고 합니다.

믿음으로 기생 라합은 정탐꾼을 평안히 영접하였으므로 순종하지 아니한 자와 함께 멸망하지 아니하였도다 히 11:31

라합은 자신과 자기 집안을 구원하기 위하여 자기 민족과 나라를 배신하고 여호수아의 정탐꾼을 숨겨준 사람입니다. 그런데 그가 어떻게 믿음의 사람이 될 수 있습니까? 이유는 라합이 자신의 본향이 천국임을 알았기 때문입니다. 우리에게는 중간 목표가 있고 궁극적인 목표가 있습니다. 이것을 헷갈리면 안 됩니다. 이것이 분명해야 힘을 내서 마지막까지 승리할 수 있습니다.

우리가 동성 결혼에 반대하고 포괄적차별금지법에 반대하는 것은 중간 목표입니다. 우리의 최종 목표는 천국에 가는 것입니다. 마귀의 최종 목표도 동성애 합법화가 아닙니다. 그것을 통해 영혼을 망가트러서 한 영혼이라도 더 지옥으로 보내는 것이 마귀의 궁극적인 목표입니다.

우리의 최종 목표

우리가 최종 목표를 분명히 하지 않으면 인생이 망가질 수밖에 없습니다. 사도 바울의 최종 목표도 하나님 앞에 가는 것이었습니다. 우리에게도 하나님의 나라가 제일 중요한 나라입니다. 그래서 주님은 이렇게 단호히 말씀하셨습니다.

누구든지 자기 목숨을 구원하고자 하면 잃을 것이요 누구든지 나와 복음을 위하여 자기 목숨을 잃으면 구원하리라 막 8:35

예수께서 이르시되 내가 진실로 너희에게 이르노니 나와 복음을 위하여 집이나 형제나 자매나 어머니나 아버지나 자식이나 전토를 버린 자는 현세에 있어 집과 형제와 자매와 어머니와 자식과 전토를 백 배나 받되 박해를 겸하여 받고 내세에 영생을 받지 못할 자가 없느니라 막 10:29-30

예수님께서 '나와 복음을 위하여' 가족도 버리고 재산도 버리고 목숨까지 버리라고 말씀하신 것은 우리의 최종 목표가 예수 그리스도를 위해 살다가 천국에 가는 것이기 때문입니다.

그리스도인에게는 부모도, 형제도, 나라도, 심지어 우리 몸도 하나가 아닙니다. 우리가 이 땅에서 최선을 다해 육신의 부모와 형제를 섬기고 사람의 도리를 하고 살아가지만, 이 땅에서의 삶이 끝나면 이 땅에서 맺어진 눈에 보이는 관계는 모두 끝이 납니다. 우리의 진짜 부모는 하늘에 계신 아버지 하나님이시고, 천국에서 우리는 모두 형제와 자매입니다. 예수의 피로 거듭나서 천국에 같이 입성할 믿음의 형제자매가 진짜 형제요 자매입니다.

지금 우리의 몸도 진짜가 아닙니다. 이 몸도 죽으면 썩어서 없어집니다. 썩어서 없어지는 것은 가짜입니다. 썩지 않는 것이 진짜입니다. 죽는 것은 가짜요 죽지 않는 것이 진짜입니다.

이 썩을 것이 반드시 썩지 아니할 것을 입겠고 이 죽을 것이 죽지 아니함을 입으리로다 고전 15:53

그런데 우리는 여전히 이 세상이 본향인 것처럼 살아갑니다. 천국을 믿는다고 말하지만 실제 삶은 믿지 않는 삶입니다. 진짜 믿는다면 그렇게 살 수가 없습니다. 저도 왜 그렇게 안 변하는지 부끄러울 때가 많습니다. 돈에 대한 욕심을 내려놓지 못하고, 사소한 것 하나도 버리지 못합니다. 우리는 쓸 것이 충분한데도 계속 붙잡고 움켜쥐려고 합니다. 냉장고를 열어보면 버릴 것이 절반인데 그대로 둡니다. 옷장과 신발장에도 안 입는 옷과 신발이 절반 이상입니다. 어차피 우리가 전부 먹지도 못하고 전부 입지도 못하는 것들인데 그것을 짊어진 채 우리는 또 욕심을 부립니다. 수없이 말씀을 들어도 돌아서면 질투하고 높은 자리에 앉으려고 하고 집착하며 살아갑니다.

예전에 한창 휴거 열풍이 불 때 10월 28일에 예수님이 오신다고 이단들이 길거리에서 전단지를 나눠주었습니다. 그것을 못마땅하게 바라보던 어떤 성도가 전단지 나눠주는 사람을 붙들고 진짜 예수님이 오시냐고 그러면 믿겠다고 했습니다. 그 말에 신이 난 이단자가 자기 선교회에 들어오라고 성화를 하는데, 그러면 조건이 하나 있는데 그 조건을 들어주면 선교회에 들어가겠다고 했습니다. 그러자 무조건 들어준다고 했습니다.

"얼마 안 있으면 예수님이 오시니까 당신 집을 팔아서 가난한 자들에게 주라. 당신이 집을 팔면 내가 믿겠다."

그랬더니 갑자기 조용해지더니 다른 곳으로 가서 다시 전단지를 나눠주기 시작했다고 합니다. 머리로는 믿고, 입으로는 믿어도 심장은 믿지 못한 것입니다. 하지만 그 사람을 욕할 것이 없습니다. 우리도 그렇습니다. "천국이 있다", "구원받아야 한다", "예수님이 다시 오신다"고 하면 입으로 "아멘 아멘"을 외치는데 우리가 정말 믿느냐 하는 것은 다른 문제라는 것입니다.

우리는 돌아간다

우리에게 고향이 있지만 우리가 왔던 본향은 따로 있습니다. 우리의 더 나은 본향, 진짜 고향은 하늘에 있습니다.

그들이 이제는 더 나은 본향을 사모하니 곧 하늘에 있는 것이라 이러므로 하나님이 그들의 하나님이라 일컬음 받으심을 부끄러워하지 아니하시고 그들을 위하여 한 성을 예비하셨느니라 히 11:16

우리는 이 말씀을 믿고 더 나은 본향을 사모해야 합니다. 이 땅보다 더 나은 본향을 사모하고 돌아간 자들이 있습니다.

야곱이 아들에게 명하기를 마치고 그 발을 침상에 모으고 숨을 거두니

그의 백성에게로 돌아갔더라 창 49:33

야곱이 숨을 거두었는데 죽었다는 말 대신에 "그의 백성에게로 돌아갔다"라는 기가 막힌 말을 썼습니다. 아브라함이 돌아갔던 곳, 이삭이 돌아갔던 곳으로 야곱도 돌아간 것입니다. 우리도 그들과 똑같이 돌아갑니다. 그래서 저는 천국에 가면 만나고 싶은 사람이 많습니다. 모세, 여호수아, 다윗, 엘리야, 다니엘과 다니엘의 세 친구에게 물어보고 싶고 듣고 싶은 이야기가 정말 많습니다.

예수님도 원래 계시던 곳으로 돌아간다고 말씀하셨습니다.

너희는 마음에 근심하지 말라 하나님을 믿으니 또 나를 믿으라 내 아버지 집에 거할 곳이 많도다 그렇지 않으면 너희에게 일렀으리라 내가 너희를 위하여 거처를 예비하러 가노니 가서 너희를 위하여 거처를 예비하면 내가 다시 와서 너희를 내게로 영접하여 나 있는 곳에 너희도 있게 하리라 요 14:1-3

이 말씀이 얼마나 놀라운 말씀입니까? 우리를 위해 이 땅에 오셔서 십자가에서 죽어주신 주님은 우리를 위한 거처를 예비하러 가셨고, 거처가 예비되면 다시 우리를 데려오셔서 주님이 계신 곳에 영원히 함께 있겠다고 하십니다.

주님이 본래 계시던 곳으로 다시 돌아가시는 것을 가리켜 그리스도의 승귀(昇貴)라고 합니다. 사도행전 7장에는 스데반이 하늘이 열리고 주님이 하나님 우편에 서신 것을 보는 장면이 나옵니다.

> 스데반이 성령 충만하여 하늘을 우러러 주목하여 하나님의 영광과 및 예수께서 하나님 우편에 서신 것을 보고 말하되 보라 하늘이 열리고 인자가 하나님 우편에 서신 것을 보노라 한대 행 7:55-56

그런데 그곳이 예수님이 본래 계셨던 곳입니다. 예수님이 이 땅에서 십자가 사역을 완성했기 때문에 하나님이 예수님을 올려주신 것이 아니라 본래 거기에, 하늘의 하나님 우편에 계셨던 분이 이 땅에 오셔서 십자가에 죽으시고 부활하셔서 나 같은 죄인을 살려주신 것입니다.

> 그는 근본 하나님의 본체시나 하나님과 동등됨을 취할 것으로 여기지 아니하시고 오히려 자기를 비워 종의 형체를 가지사 사람들과 같이 되셨고 사람의 모양으로 나타나사 자기를 낮추시고 죽기까지 복종하셨으니 곧 십자가에 죽으심이라 빌 2:6-8

그런데 스데반이 순교하려는 순간 주님이 스데반을 맞이하기 위해 보좌에서 일어나셨습니다. 스데반은 돌에 맞아 죽어서 주님 품에 안겼습니다. 우리 역시 죽더라도 천국에 간다면 그것은 결코 불행한 일이 아닙니다. 성도의 죽음은 하나님이 보시기에 귀중한 것입니다. 불신자의 죽음이 아니라 성도의 죽음입니다. 성도가 죽어서 천국에 가게 되면 천국 백성이 하나 더 늘어나기 때문입니다.

주님에게만 귀한 것이 아니라 우리에게도 영광스러운 것입니다. 그런데 우리에게 우리가 돌아갈 이 영원한 본향이 없다면 얼마나 비참하고 안타까운 인생입니까? 인간적으로 보면 스데반의 죽음은 아무 의미 없는 죽음일 뿐입니다. 그러나 그 죽음은 예수님을 흥분시킨 죽음입니다. 예수님을 벌떡 일어서게 했습니다. 스데반은 결코 불쌍하지 않습니다. 그가 참 본향으로 돌아갔기 때문입니다.

우리 영혼의 영원한 거처

그러면 우리가 돌아가 영원히 살게 되는 본향은 어떤 곳이고, 어디에 있고, 언제 가게 되는 것일까요? 우리가 돌아가 영원히 살게 되는 본향은 삼층천에 있습니다. 우리는 죽어도 우리의 영혼은 죽지 않습니다. 우리의 영혼은 절대 없어지지 않습니다. 착각하면 안 됩니다. 이 땅의 제일 큰 거짓말은 하나님이 없다는 것이고, 그다음은 죽으면 끝이라는 것입니다. 죽으면 모든 고통이 끝나는 줄 알고 자살하는 사람이 있는데 절대 마귀에게 속아서는 안 됩니다.

우리에게는 죽음이 끝이 아니고 그 이후가 진짜입니다. 우리 몸에서 영혼이 떠나면 어디로 갑니까? 믿는 자가 죽으면 그 영혼은 일단 낙원에 들어갑니다. 예수님도 우편 강도에게 분명히 말씀하셨습니다.

예수께서 이르시되 내가 진실로 네게 이르노니 오늘 네가 나와 함께 낙원에 있으리라 하시니라 눅 23:43

믿지 않는 자는 죽으면 그 영혼이 음부에 들어갑니다. 영혼이 사라지는 것이 아니라 단지 위치만 바뀔 뿐입니다. 천국이든 지옥이든 위치가 바뀐 그 곳에서 영원한 시간을 보내게 될 것입니다.

십자가에서 돌아가신 예수님의 경우, 일단 우편 강도를 데리고 낙원에 들어가셨을 것입니다. 그러나 주님은 사흘 만에 다시 살아나셨고, 이 땅에서 40일을 지내시며 친히 살아 계심을 나타내셨습니다. 그리고 예루살렘 인근 감람산에서 제자들이 보는 앞에서 승천하셔서 하늘 보좌에 앉으셨습니다. 그로부터 일주일 정도 예수님의 제자들과 여자들과 예수님의 어머니와 예수님의 형제들이 마음을 같이하여 오로지 기도하기를 힘썼고, 오순절 날 그들이 다같이 모여 있을 때 성령이 임하신 것입니다.

그곳에는 사망이 없다

천국에도 없는 것이 있습니다.

모든 눈물을 그 눈에서 닦아 주시니 다시는 사망이 없고 애통하는 것이나 곡하는 것이나 아픈 것이 다시 있지 아니하리니 처음 것들이 다 지나갔음이러라 계 21:4

천국은 눈물, 사망, 애통, 곡하는 것, 아픈 것이 없습니다. 그런데 이런 것들이 없는 것은 이것이 처음 것들이기 때문이라고 합니다. 새 하늘과 새 땅에는 처음 하늘과 처음 땅도 사라지고 없습니다.

또 내가 새 하늘과 새 땅을 보니 처음 하늘과 처음 땅이 없어졌고 바다도 다시 있지 않더라 계 21:1

지금 우리가 보는 하늘과 딛고 있는 땅은 '처음 것'이라고 합니다. 처음 하늘이 불에 타 풀어지고 없어집니다. 물질이 뜨거운 불에 녹아버리고 새 하늘과 새 땅이 건설되는 것입니다.

하나님의 날이 임하기를 바라보고 간절히 사모하라 그 날에 하늘이 불에 타서 풀어지고 물질이 뜨거운 불에 녹아지려니와 우리는 그의 약속대로 의가 있는 곳인 새 하늘과 새 땅을 바라보도다 벧후 3:12-13

천국은 사망이 없습니다. 사망과 죽음은 엄연히 다릅니다. 사망의 범주 안에 죽음이 들어가는 것입니다. 사망 자체는 저주입니다.

이 땅에서 죽는다고 우리 영혼이 없어지지 않고, 그 영혼이 지옥에 떨어져서 죄 가운데 영원히 사는 것이 사망입니다. 즉 예수님을 떠난 인생은 사망 가운데 있는 것이고, 예수님 안에 있는 인생은 죽음은 있어도 사망은 없습니다.

모든 인간이 한 번은 죽습니다. 그러나 두 번 죽는 자도 있습니다. 성도는 예수님 안에서 죽어 거듭나기 때문입니다. 사람은 반드시 육체와 영혼이 분리되는 죽음을 맞이하게 되는데, 이때 옛사람이 죽고 거듭난 성도는 천국에 가는 두 번째 죽음, 즉 육체의 죽음을 기다리게 되는 것입니다. 그러나 거듭나지 않은 영혼은 한 번 죽어 영원한 지옥에 가게 됩니다.

애통하는 것이 없다

이 세상에는 아무리 행복한 사람도 가슴 아픈 시간을 겪습니다. 애통, 슬픔을 겪어보지 않은 사람은 아무도 없습니다. 눈물로 시작해서 눈물로 끝나는 것이 인생입니다. 인생은 자랑할 것이 수고와 슬픔뿐이고 그마저 신속히 지나갑니다.

우리의 연수가 칠십이요 강건하면 팔십이라도 그 연수의 자랑은 수고와 슬픔뿐이요 신속히 가니 우리가 날아가나이다 시 90:10

예전에 나라가 잘 살지 못할 때는 잘 살게 되면 애통이 사라질 줄 알았습니다. 그래서 열심히 일해서 지금은 경제강국이 되었지만 사람들은 여전히 힘들어서 죽겠다고 합니다. 애통이 없는 인생은 존재하지 않습니다. 도대체 왜 이런 세상이 되었을까요? 그것은 마귀가 죄를 뿌려놓았기 때문입니다. 그래서 죽는 그 날까지 우리는 애통을 겪습니다. 심지어 예수님은 이 땅에서는 애통이 복이라고 하셨습니다. 애통하는 자는 복이 있습니다. 왜냐하면 이 땅에서 애통한 자가 천국에 가면 애통할 일이 없기 때문입니다.

이 땅에서 많이 우시기 바랍니다. 기도하다가 울고 전도하다가 울고 찬양하다가 우십시오. 나라를 위해서 울고, 교회를 위해서 울고, 주님을 위해서 울고, 이 땅의 교회를 위해서 울고, 파송 선교사님들을 위해서 울면 하나님이 그 눈물을 기억해주십니다. 정작 울며 씨를 뿌렸기 때문에 거둘 때는 울 일이 없습니다. 그러니까 지금 너무 힘들다고 슬퍼할 이유가 없습니다. 우리에게 천국이 있기 때문입니다.

우리가 영원히 예배하는 곳

하나님의 나라에는 성전이 없습니다. 왜냐하면 주 하나님이 성전이 되시기 때문입니다.

성 안에서 내가 성전을 보지 못하였으니 이는 주 하나님 곧 전능하신 이와 및 어린 양이 그 성전이심이라 계 21:22

우리의 지혜로는 도저히 상상할 수 없지만, 천국 전체가 하나님이고, 천국 전체가 거대한 성전입니다. 그래서 천국에 가면 영원히 하나님을 예배하게 됩니다. 영원히 예배하는 곳이 천국이기 때문에 지금 우리가 찬양하고 예배할 때 우리는 천국을 경험할 수 있습니다. 천국에 가면 그냥 놀고먹는 것이 아닙니다. 천국에 입성하는 순간부터 주님을 소리 높여 경배하고 찬양하며 영원히 살게 됩니다. 그러니까 예배를 절대 소홀히 생각하면 안 됩니다. 예배는 천국의 시간입니다.

주의 궁정에서의 한 날이 다른 곳에서의 천 날보다 나은즉 악인의 장막에 사는 것보다 내 하나님의 성전 문지기로 있는 것이 좋사오니 시 84:10

예수님이 오시기 전 구약시대에도 이런 놀라운 고백을 했는데, 예수님이 우리에게 오셔서 친히 교회까지 주셨는데도 여전히 교회를 기뻐하지 않고 사랑하지 않고 예배의 가치를 멸시한다면 무식하고 미련한 인생입니다. 이 성전을 세상 무엇과 바꿀 수 있겠습니까? 성전이 많거나 적다고 해서 그 가치가 떨어지지 않습니다. 성전이 작다고 해서 가치가 떨어지는 것이 아닙니다.

성전의 주인은 예수 그리스도이십니다. 천국을 만드시고 천국의 주인 되신 우리 주님께서 친히 성전이 되어 천국의 본체로서 존재하신다는 것을 우리의 서툰 지식과 지혜로 어떻게 다 이해할 수 있겠습니까? 이 땅에는 영원한 본향인 천국이 없기 때문에 천국을 본 사도 요한도 결국은 "…같더라"라고 표현할 수밖에 없었던 것입니다.

두려움이 없는 곳이 천국이다

그 성은 해나 달의 비침이 쓸 데 없으니 이는 하나님의 영광이 비치고 어린 양이 그 등불이 되심이라 계 21:23

이 땅에는 참 빛이 없어서 해와 달이라는 광명체가 있어야 하지만 하나님나라에는 참 빛이 계시기 때문에 해와 달의 빛이 쓸데없습니다. 빛이 있고 없고의 차이는 큽니다. 똑같은 산이라도 낮에는 혼자서도 잘 올라갈 수 있지만 밤에는 가기 어렵습니다. 왜냐하면 밤은 우리에게 두려움을 줍니다. 빛이 없고 어두우면 우리는 두려움을 느낍니다.

날마다 철야기도를 하던 한 집사님이 있었습니다. 남편이 군인으로 복무하고 있어서 시간을 내기에 자유로우니까 밤마다 교회에 와서 혼자 철야기도를 했습니다. 그런데 어느 날 이분이 이런 간증을 했습니다. 달빛도 없이 어둡고 교회도 사방으로 커튼이 둘러 있어서 캄캄한 중에 기도하다가 무심결에 눈을 떴는데 자기 손이 보이지 않았다고 합니다. 기도할 때는 몰랐는데 눈을 떠보니 어찌나 어두운지 순간 무서움이 확 밀려왔다고 합니다.

오금이 저려서 일어나지도 못하고 기도도 나오지 않았습니다. 어둠이 주는 두려움에 눌려서 예수님의 '예' 자도 나오지 않았고, 눈을 뜨지도 못하고 감지도 못하고 있는데 어디선가 바람이 불어서 커튼이 살짝 움직였는데 그 사이로 한 줄기 가로등 불빛이 들어왔습니다. 그런데 그 빛을 보는 순간 두려움이 순식간에 떠나갔다고 합니다.

그 집사님은 "빛이 그렇게 위로가 되는지 몰랐어요"라고 고백했습니다. 빛 한 줄기도 두려움을 몰아내는데 참 빛이신 예수님이 우리 안에 오시면 두려움이 남아 있을 수 있겠습니까. 참 빛이신 예수님을 영접한 우리에게 두려움은 더 이상 존재할 수 없습니다.

두려움을 이기는 또 다른 힘은 생명입니다. 결혼한 지 1년 된 신혼부부가 있는데 남편이 지방에 출장을 가면 새댁이 무서워서 집에 혼자 있지 못했습니다. 그런데 갓난아기가 생기니까 완전히 달라졌습니다. 누워 있는 갓난아기가 도둑을 막아주는 것도 아니고, 자신의 안전을 도와줄 아무 힘이 없는데, 아기가 있다는 것만으로도 두려움이 싹 사라졌습니다. 심지어 강아지 한 마리만 있어도 두려움이 사라집니다. 이것이 생명의 힘입니다. 생명으로부터 나오는 그 힘이 나를 위로하고 힘을 주고 두려움을 몰아내주더라는 것입니다.

천국은 바로 이 빛과 생명으로 충만한 곳입니다. 어둠이 전혀 없고, 해와 달의 빛이 쓸데없고, 사망의 권세가 역사하지 못하고, 예수의 생명으로 호흡하는 곳입니다. 그곳이 우리가 다시 돌아갈 본향입니다.

본향에 가기까지 인내하라

주기철 목사님은 영원한 본향을 바라보며 이 땅에서 수치와 억울함과 결박과 아픔과 사망을 이기셨습니다. 그래서 영원한 본향인 하나님나라에 가셨습니다. 전쟁을 마치고 고향에 돌아갈 날만 기다리는 병사처럼 우리도 영원한 본향에 가기까지 인내함으로 기다려야 합니다. 이 땅에서도 고향을 향해 가다가 차가 막힌다고 돌아오는 분들이 있습니다. 그런데 돌아오면 고향에 가지 못합니다. 참된 본향을 향하여 가는 분들은 중도에 탈락자가 되면 안 됩니다. 지금도 중간에 돌아서는 자가 너무 많습니다.

마르크스는 조부모와 부모가 목사이며 신자였고, 니체와 스탈린, 김용옥 씨도 다 신학생 출신으로 정말 똑똑한 사람들입니다. 그러나 그들이 얼마나 불쌍한지 모릅니다. 그들은 자기들이 똑똑하고 우리가 무식하다고 말하며 복음을 비웃습니다. 그러나 진짜 지혜로운 사람은 우리이고, 선택받은 사람도 우리입니다. 이 복을 스스로 차버리면 안 됩니다. 다 된 밥에 코 빠트리지 말고, 잠깐만 기다리면 되는데, 그 잠깐을 참지 못하고 제 갈 길로 간 가룟 유다처럼 중간에 돌아가는 자들이 되지 말고 인내하시기 바랍니다.

나는 선한 싸움을 싸우고 나의 달려갈 길을 마치고 믿음을 지켰으니 이제 후로는 나를 위하여 의의 면류관이 예비되었으므로 주 곧 의로우신 재판장이 그 날에 내게 주실 것이며 내게만 아니라 주의 나타나심을 사모하는 모든 자에게도니라 딤후 4:7-8

이 땅은 장망성(將亡城), 장차 망할 성입니다. 지금 우리가 사는 이 땅은 진짜 고향이 아닙니다. 우리는 저 본향에 가야 합니다. 그래서 너무 슬퍼하지도 말고, 너무 좋아하지도 말고, 너무 속상해하지도 말고, 너무 들떠 있지도 말아야 합니다. 있는 자는 없는 자처럼, 없는 자는 있는 자처럼, 강한 자는 약한 자처럼, 약한 자는 강한 자처럼 그렇게 살다가 본향에 가야 합니다.

하늘의 소망을 품고 승리하시기 바랍니다. 천국에 이르러 아버지의 품에 안기는 그날까지 이 땅에서 믿음의 경주를 하며 마지막까지 넘어지지 않고 승리하는 여러분이 되시기 바랍니다.

4
PART

사명을 마쳐라

chapter **09**

살든지 죽든지 사명의 길을 가라

사도행전 20:22-24

성경은 '생명'이라는 단어가 아니면 설명할 수 없는 책입니다. 저역시 살기 위해 예수를 믿고 살려고 목회를 합니다. 나를 살려주신주님을 더 알리기 위해 제 생명이 다하는 날까지 생명을 위해서 달려가려고 합니다.

'사명'이라는 단어는 "맡겨진 임무"라는 뜻입니다. 저는 거기에 더하여 맡은 임무를 위해서라면 자신의 목숨도 내놓을 수 있는 것이사명이라고 생각합니다. 그러니까 사명은 해도 되고 안 해도 되는일이 아닙니다. 가도 되고 안 가도 되는 길이 아닙니다. 아무도 알아주지 않고 내가 죽어 없어지더라도 반드시 일어나야 하는 일이 사명입니다.

오늘 우리도 사명의 수혜자로 살아가고 있는 것입니다. 그 일을누가 했는지 잘 모르지만 그 일을 이룬 이름 없는 사명자들 덕분에지금 우리가 존재하는 경우가 많습니다.

사명자 1 앞일을 몰라도 순종한다

사도 바울도 사명의 의미를 정확히 꿰뚫고 있었습니다. 첫째, 바울은 자신이 앞으로 무슨 일을 당할지 모른다고 말합니다.

보라 이제 나는 성령에 매여 예루살렘으로 가는데 거기서 무슨 일을 당할는지 알지 못하노라 행 20:22

오늘 우리는 앞일에 대하여 지나치게 염려하는 시대를 살고 있습니다. 앞일에 대한 관심이 많습니다. 그러나 앞일을 잘 안다고 일이 잘 되기만 하는 것도 아니고, 몰라도 안 되지 않습니다. 하나님이 아브라함을 부르셨을 때 아브라함은 지체 없이 순종했습니다. 알고 그 길을 간 것이 아닙니다. 알지 못하지만 갔습니다. 그래서 아브라함의 삶이 망하고 그의 사역이 실패했나요? 우리는 성공과 실패에 예민한데 우리의 성공과 우리의 실패가 중요한 것이 아니고, 하나님의 뜻이 우리 가운데 일어날 수 있느냐가 중요합니다. 예수님도 사명을 따라 사셨습니다. 그러나 예수님은 십자가에서 죽으셨기 때문에 개인적으로는 실패하셨습니다. 그런데 십자가가 왜 승리입니까? 하나님의 뜻이 성취되었기 때문입니다.

바울은 앞일을 알지 못하고 예루살렘으로 간다고 했는데 이것이 사명자가 가져야 할 자세입니다. 묵묵히 자신의 길을 걸어가는 것이 사명자입니다. 우리의 생각이 많으면 하나님께서 역사하실 틈이 없어집니다. 자기 생각이 너무 많으면 주춤주춤하고 이리저리 계산만 하다가 인생을 마감하고 말 것입니다.

사명자 2 위기를 돌파한다

둘째, 바울은 오직 성령께서 자신에게 가르쳐주신 것이 있다고 말합니다.

> 오직 성령이 각 성에서 내게 증언하여 결박과 환난이 나를 기다린다 하시나 행 20:23

우리는 성령의 뜻을 깊이 성찰해보아야 합니다. 성령께서 바울에게 각 성에서 결박과 환난이 기다린다는 것을 분명히 가르쳐주셨습니다. 실제로 바울은 예루살렘에 가서 거기서 결박당하여 로마로 압송되었습니다. 성령은 진리의 영이시기 때문에 정확히 말씀해주셨습니다. 그럼 왜 가르쳐주셨습니까? 힘드니까 피해서 돌아가라는 것일까요? 바울은 그럼에도 불구하고 가라고 하시는 주님의 뜻을 알았습니다. 돌파해서 하나님의 뜻을 이루라는 것입니다.

루마니아가 과거 소련의 위성국가로 공산 정권일 때 루마니아 지하교회를 이끌었던 존 오로스 목사님은 숨어서 예배를 드렸는데 성령께서 강하게 역사하셔서 예배만 드리면 사람들이 회심하고 돌아오는 역사가 일어났습니다. 그러면 존 오로스 목사님은 "잘하셨습니다. 그러나 대가를 치러야 하니 깊이 생각하십시오" 이렇게 말했다고 합니다.

회심한 사람들을 데리고 몇 개월간 성경공부를 마치면 또 많은 사람들이 세례를 받겠다고 합니다. 그때 목사님은 "잘하셨습니다. 그러나 세례를 받고 세례 명부를 작성하면 첩자들이 여러분의 이름을 상부에 보고하여 당장 내일부터 고달픈 삶이 시작될 것입니다" 이렇게 이야기합니다.

그러면 세례를 받겠다고 자원한 사람 중 절반이 포기한다고 합니다. 그럼에도 불구하고 포기하지 않는 사람들에게만 세례를 주고 그들을 제자훈련 시켜서 루마니아 각처에 파송하여 복음을 전하게 하는 것입니다. 그래서 강해지고 그래서 예수의 전사가 만들어지는 것입니다. 오합지졸로는 하나님의 나라를 세울 수 없습니다. 하나님께 붙잡힌 바울 같은 사명자 한 사람이면 됩니다. 숫자는 문제가 되지 않습니다. 복음은 위기를 만나면 폭발합니다. 위기가 오면 가짜들은 다 떨어져 나갑니다.

사명자 3 사명에 목숨을 건다

셋째, 바울은 자신의 하나뿐인 목숨도 주님께 받은 사명을 감당하는 데 바치겠다고 고백합니다.

내가 달려갈 길과 주 예수께 받은 사명 곧 하나님의 은혜의 복음을 증언
하는 일을 마치려 함에는 나의 생명조차 조금도 귀한 것으로 여기지 아
니하노라 행 20:24

이 세상에는 무수한 일의 종류가 있습니다. 크게 따져보면 하고
싶은 일이 있고, 해야 하는 일이 있습니다. 그런데 아무리 좋아하는
취미생활도, 생계를 위해 꼭 필요한 직장생활도 내 목숨까지 걸 만
큼 중요하지는 않습니다. 그렇다면 주님의 일은 우리에게 어떤 의미
가 있습니까? 우리가 하나님께 받은 사명은 좋아서 하는 일입니까?
마지못해 하는 일입니까? 사명은 그런 차원이 아니라 우리의 전부를
걸어야만 하는 일입니다.

세상은 적당히 믿으라고 우리를 유혹합니다. 세상은 적당히 믿는
사람들을 환영합니다. 세상은 전부를 걸고 믿는 사람을 광신자라
고 손가락질합니다. 그런데 우리가 맡은 일은 적당히 해서 이룰 수
있는 일이 아닙니다. 우리가 맡은 일은 전부를 거는 일이기 때문입니
다.

사명의 때와 사명의 사람

성경은 '때'를 중요시합니다. 우리 하나님은 전지전능하시지만 하
나님이 쓰시는 도구인 사람은 유한한 존재이기 때문입니다. 하나님

께서 일하시는 방식이 있는데, 그것은 각 시대마다, 사건마다 하나님의 사람을 불러서 사람을 사용하여 당신이 하려는 일을 하셨다는 것입니다. 이렇게 때와 사람이 만나면 하나님의 역사가 일어납니다.

너는 청년의 때에 너의 창조주를 기억하라 곧 곤고한 날이 이르기 전에, 나는 아무 낙이 없다고 할 해들이 가깝기 전에 전 12:1

때와 사람이 중요합니다. 이것이 사명의 원리입니다. 청년의 때에 창조주 하나님을 만나면 대역사가 일어납니다. 세상에서도 인생은 타이밍이라고 하는데 하물며 성경이 때를 얼마나 중요하게 강조하는지 기억해야 합니다. 지금 우리는 하나님을 기억하고 하나님을 만날 때입니다. 곤고하고 아무 낙이 없다고 할 때가 곧 이릅니다. 기회가 다 지나가버렸는데 돈이나 명성을 얻어서 무엇하겠습니까? 아무 필요가 없어집니다.

또 하나님은 반드시 '사람'을 통해서 일하십니다. 에스더서는 10장으로 되어 있는데 하나님이라는 말이 한 번도 나오지 않습니다. 마귀라는 말도 없습니다. 그런데도 성경의 중심에 자리잡고 있습니다. 왜냐하면 이 세상은 대리전이기 때문입니다. 모르드개와 에스더를 사용하시는 하나님과 하만을 사용한 마귀의 싸움을 다루고 있기 때문입니다.

하나님께서 어느 날 아브라함을 부르셨습니다. 어느 날 모세를 부르셨습니다. 그렇다면 그것은 무언가 하나님의 위대한 일들이 일어나기 시작한다는 것입니다. 그런데 만약 아브라함, 모세, 모르드개, 에스더가 사명을 거부하고 불순종했다면 어떻게 될까요? 큰일 날 것 같습니까? 천만에, 하나님은 얼마든지 다른 사람을 찾을 수 있습니다. 하나님은 사람이 잠잠하면 돌들이 소리 지르게 하시는 분입니다. 그러나 하나님은 그런 방법을 쓰기보다 사람을 쓰시는 분입니다.

엘리야가 갈멜산 전투 이후에 낙심하여 이제 오직 자신만 남았다고 할 때 하나님은 엘리야에게 바알에게 무릎 꿇지 않은 칠천 명이 있다고 말씀하십니다. 이것은 바알에게 무릎 꿇지 않은 자가 엘리야만 남은 것이 아니라고 용기를 주는 말이기도 하면서 엘리야를 대신할 자가 얼마든지 있다는 말이기도 합니다. 하나님은 촛대를 옮겨서라도 얼마든지 하나님이 하시고자 하는 일들을 이루시는 분입니다. 결국 촛대를 빼앗긴 자가 손해입니다. 엘리야가 여전히 건강하고 경험도 많았지만 그의 영적 수명이 다하자 하나님은 엘리야와 엘리사의 세대교체를 이루셨습니다.

우리는 지나치게 인본주의적입니다. 지나치게 사람 중심이고 환경 중심으로 접근합니다. 우리는 하나님께 돌아가 하나님을 중심에 모시고 서서 우리는 아무것도 아니라고 고백할 수 있어야 합니다. 하나님은 예나 지금이나 앞으로도 사람을 통해서 일하십니다.

구약시대에 숱한 예언자들이 일어나 자기 할 일을 마치고 사라졌습니다. 구약성경의 말라기로부터 세례 요한이 나타날 때까지 약 400년의 시간을 신구약 중간기라고 부르는데, 왜 400년의 침묵 기간이 생긴 것일까요? 바로 하나님이 들어 쓰시는 사람이 나타나지 않았기 때문입니다. 이스라엘 백성들이 애굽에서 탈출하기까지 400년이나 애굽의 노예로 살 수밖에 없었던 것은 예언의 성취이기도 하지만 모세가 나타나지 않았기 때문입니다.

지금도 하나님은 하나님의 사람을 찾고 계십니다. 한 사람이 사명을 발견하면 그때부터 이 세상 역사의 흐름이 바뀝니다. 아브라함이 나타나니까 역사가 바뀌기 시작하고, 모세가 나타나니까 역사가 바뀌고, 엘리야가 나타나니까 역사가 바뀌고, 예수님이 제자들을 부르시니까 그때부터 새로운 역사가 시작되었습니다. 사람은 별것이 없지만, 그 사람을 들어서 사용하시는 하나님이 위대하시기 때문입니다. 하나님은 어떤 일을 이루시기 위하여 하나님이 쓰실 누군가를 반드시 찾으십니다.

전부를 건 하나님의 사명자

사실 하나님이 쓰지 못할 사람은 없습니다. 잘난 자, 못난 자, 강한 자, 약한 자, 남자, 여자 누구든지 쓰실 수 있습니다. 하나님은 한계를 정하지 않으시는데 우리는 스스로 한계를 지어버립니다. 그러나 하나님의 부르심에 무릎 꿇고 순종하기만 하면 하나님은 내

경험과 과거의 상처와 아픔, 현재의 상황과 상관없이 하나님의 일, 사명을 주십니다. 우리는 그 사명을 발견할 수 있어야 합니다.

교회에서 기껏 장로가 되고 권사가 되는 것이 꿈입니까? 신학교를 간다고 다 사명이 있는 것이 아닙니다. 선교사도 다 사명을 받은 것은 아닙니다. 목사가 큰 교회를 하는 것이 꿈이라면 비참하지 않을까요? 큰 교회를 하는 것은 꿈이 아닙니다.

주님은 삯꾼은 목자도 아니라고 호되게 나무라셨습니다. 예수님은 양들을 위하여 목숨을 버리는 선한 목자입니다. 사명자는 양들을 위하여 목숨을 버립니다. 양들의 비위를 맞추거나 아부하지 않고, 자기 양이라고 해서 포악하게 굴지도 않습니다. 양들을 사랑하되 목숨을 바쳐서 사랑하고, 양들을 지키다가 죽을 수 있는 것이 목자의 사명입니다. 양의 사명은 이런 목자의 소리를 듣고 죽기까지 순종하는 것입니다. 이 선한 목자와 순종하는 양이 만날 때 역사가 일어납니다. 바로 하나님께 절대 순종하고 하나님의 뜻을 위해 자신의 전부를 거는 사람입니다.

초대교회는 거의 순교자였습니다. 거의 다 버리고 전부를 거는 사람들이 수두룩했습니다. 그런데 오늘날 전부를 거는 사람이 드물어요. 무리는 많은데 사명을 받은 자가 없기 때문에 하나님의 나라가 확장되지 않습니다. 오히려 하나님의 나라가 치명적인 방해를 받습니다. 사명에 전부를 거는 사람이 없기 때문에 하나님의 능력이 나타나지 않는 것입니다.

하나님의 나라는 말에 있지 아니하고 오직 능력에 있음이라 고전 4:20

제가 아는 어느 교회의 관리 집사님은 누가 억지로 시키거나 어떤 사건이 계기가 된 것이 아니라 중학생 때 이미 교회 관리 집사의 사명을 받아 군을 제대하고 나서 29살 때부터 자발적으로 관리 집사의 일을 시작했다고 합니다. 그는 정말 하나님께 복받은 사람입니다. 왜냐하면 바울처럼 달려갈 길과 주 예수께 받은 사명이 있는 사람이기 때문입니다.

그런 방향이 없는 사람이 얼마나 많습니까. 방향이 없으니까 계속 흔들리고 유혹에 빠지는 것입니다. 다윗이 왜 유혹에 넘어갔는지 아십니까? 그가 마땅히 할 일이 없어졌기 때문입니다. 부하들은 전쟁에 나가 싸우고 있었지만 그는 이제 옛날의 다윗이 아닙니다. 나라가 부강해지고 권력이 생기다보니 이제는 더 이상 자신이 직접 전쟁에 나갈 필요가 없어졌습니다. 그래서 해질 무렵에 일어나 왕궁 옥상을 거닐다가 한 여인이 목욕하는 것을 보고 유혹에 빠져 엄청난 죄를 지은 것입니다. 하나님의 사명이 이렇게 중요합니다.

죽는 것도 유익한 사명

나의 간절한 기대와 소망을 따라 아무 일에든지 부끄러워하지 아니하고 지금도 전과 같이 온전히 담대하여 살든지 죽든지 내 몸에서 그리스도가 존귀하게 되게 하려 하나니 이는 내게 사는 것이 그리스도니 죽는 것도 유익함이라 빌 1:20-21

이것이 바울의 비전이었습니다. 살든지 죽든지 자신의 몸에서 그리스도가 존귀하게 되는 것이 그의 인생의 목표였습니다. 살아서 그리스도의 영광을 나타낼 수 있다면 살 것이고, 죽어서 그리스도의 영광을 나타낼 수 있다면 기꺼이 죽겠다는 것입니다.

미국의 짐 엘리엇 선교사는 남미 에콰도르의 식인부족인 아우카족을 선교하러 갔다가 경비행기가 불시착하여 한 사람도 전도하지 못하고 원주민들에게 살해당했습니다. 그 당시 세상 언론은 장래가 촉망되는 청년이 무모한 죽음을 맞이했다고 조롱했습니다. 하지만 그의 아내는 그것이 결코 헛된 죽음이 아니라고 강력히 항변했습니다.

짐 엘리엇의 성경책에는 "영원한 것을 얻기 위해 영원하지 않은 것을 버리는 자는 결코 어리석은 자가 아니다"라는 글귀가 적혀 있었습니다. 그 글이 그의 인생을 잘 대변해줍니다. 그의 인생은 정말 헛되지 않았습니다. 지금도 짐 엘리엇처럼 가슴에 불을 받아 선교를 떠나는 자가 수없이 많습니다. 훗날 그의 아내 엘리자베스 엘리엇은 남편을 대신하여 자기 남편을 죽인 원주민들에게 복음을 전하고 그들을 전도했습니다. 백 마디 말이 필요 없고 이것이 그리스도의 사랑이요 복음의 본질입니다.

우리나라에도 젊은 선교사들이 많이 왔습니다. 그중에 한 젊은 여성은 몇 달이나 배를 타고 조선 땅에 왔는데 그만 풍토병에 걸려서 선교를 제대로 해보지도 못하고 죽고 말았습니다. 아무 업적도 없이 말 한마디 통하지 않는 땅에서 죽어갈 때 그녀가 남긴 편지에는 자신의 고향과 어머니에 대한 그리움이 담겨 있었습니다. 그런데 그녀는 자신이 죽은 다음에도 자신의 고향 땅에서 수많은 젊은이들이 조선 땅에 오기를 기도한다고 하고 편지를 끝맺었습니다. 그녀의 기도는 응답되었습니다. 한 알의 밀알이 땅에 떨어져 죽으니까 수많은 열매를 맺게 된 것입니다.

우리의 간절한 기대와 소망, 살든지 죽든지 내 몸에서 그리스도가 존귀하게 되는 것이 우리의 소원이어야 합니다. 그분의 영광을 위해서라면 죽음까지 결단하는 것이 사명을 받은 자의 삶입니다.

하나님을 기억하고 믿음으로 사는 사명

저는 크리스천 청년들에게 세 가지 중에 반드시 하나는 하라고 합니다. "첫째, 반드시 기도하라. 둘째, 공부하라. 셋째, 일하라." 교회에 오면 기도하고, 학교에서는 공부하고, 직장에서는 일하는 것이 옳습니다. 예전에 캄보디아로 선교사를 파송했는데 그 선교사가 프놈펜대학 심리학과에 들어갔습니다. 그래서 제가 그 선교사에게 죽어라 공부하라고 했습니다. 공부하다가 죽으면 순교라고 했습니다. 사실 캄보디아어가 정말 어렵습니다. 읽기도 어렵고 쓰기도 어려운 언어입니다. 그런데 얼마나 열심히 공부했는지 제가 캄보디아에 방문하니까 그동안 공부하면서 다 쓴 볼펜을 모았다가 잔뜩 보여 줬습니다. 결국 그 선교사는 우리나라에서 캄보디아어를 잘하는 사람 다섯 손가락 안에 들어갈 정도로 인정을 받았습니다. 그러니까 선교할 때 전혀 지장이 없었습니다.

그리스도인이라면 자신의 자리에서 치열하게 기도해야 합니다. 공부하다가 죽으면 순교입니다. 일을 하십시오. 다윗은 목동 시절에 부름 받았고, 제자들도 어부로 살다가 부름 받았고, 모세도 광야에서 처가살이 하다가 부름 받았습니다. 빈둥거리지 말고 무엇이든지 하시기 바랍니다. 하나님을 위해서 치열하게 살아야 합니다.

사명의 때에 사명의 길을 가려는 분들에게 당부하는 것은 첫째, 하나님을 기억하시기 바랍니다. 창조주 하나님을 기억하며 아침에 눈을 뜨고 하나님을 생각하고 잠자리에 들어야 합니다. 하나님을 떠나서는 살 수 없습니다. 저는 예수님을 만난 16살 이후 지금까지 하나님을 기억하지 않은 날이 단 하루도 없었습니다. 제가 목사이기 때문이 아닙니다. 평신도라도 그렇게 살았을 것입니다. 저는 하나님께 더 미치기를 원했습니다. 모든 것은 하나님으로부터 시작되고 하나님을 떠나서는 아무것도 할 수 없기 때문입니다.

그런데 어리석은 자들이 하나님을 떠나서 무언가 하려고 합니다. 사람, 환경, 돈으로 일하려고 합니다. 그러나 하나님은 능치 못할 일이 없고 온 천하를 경영하시는 분입니다. 그 하나님을 기억하고 그분께 인생을 걸어야 합니다. 이 세상은 다 지나가고 오직 영원하신 하나님과 하나님을 믿는 믿음의 역사만 남게 됩니다. 지금 저에게 남아 있는 것 역시 학벌도 아니고 교회도 아니고 목회도 아닙니다. 우리에게는 하나님을 기억하고 하나님 앞에서 믿음으로 산 시간만 남습니다.

히브리서 11장에 아벨은 죽었지만 그 믿음으로 지금도 말한다는 말씀이 있습니다. 솔로몬의 왕궁과 식탁의 음식들이 얼마나 화려했습니까? 그러나 결국 그가 토해낸 마지막 고백은 "헛되고 헛되며 헛되고 헛되니 모든 것이 헛되도다"라는 것이었습니다.

하나님은 우리가 하나님을 기억하고 믿음으로 산 시간을 반드시 기억하십니다. 세계의 역사는 정복자들과 영웅들, 위대한 업적을 이룬 자들을 기억할지 모르지만, 하나님의 역사책에는 무명의 순교자들과 복음 전도자들이 기록되어 있을 것입니다. 길을 갈 때도, 일을 할 때도, 사람을 만날 때도 모든 것을 하나님과 연결시키십시오. 반드시 하나님을 기억해야 하는 것이 우리의 사명입니다.

깨어서 사명의 길을 가라

둘째, 우리가 사명의 길을 온전히 걷기 위해서는 분별할 수 있도록 깨어 있어야 합니다. 다윗은 깨어 있었기 때문에 자신에게 찾아온 기회를 붙잡았습니다. 기회는 뜻밖의 위기 가운데 찾아왔고 다윗은 믿음으로 나아가 골리앗과 싸워 이겼습니다. 요셉도 깨어 있었기 때문에 유혹을 뿌리치고 거룩하게 살 수 있는 기회를 잡았습니다. 제자들도 그물과 배를 버리고 아버지까지 버리고 예수님을 따라갔습니다. 깨어 있었기 때문입니다.

하나님은 우리의 인격을 훈련하시고 우리의 재정을 훈련하십니다. 시간의 훈련, 관계의 훈련, 영성의 훈련을 통해 하나님께 붙들려 하나님의 사명을 감당할 수 있는 사람으로 지어져가는 것입니다.

우리는 영원한 사명을 받았습니다. 하나님의 사명은 영원한 것입니다. 저에게 다시 한 번 생명의 기회가 주어진다 해도 저는 다시 이 길을 갈 것입니다. 주님의 일을 할 것입니다. 이 좋은 편을 택했으니 빼앗기지 않을 것입니다. 왜냐하면 이 위대한 사명의 길이 영원하기 때문입니다.

이 땅의 크리스천 청년들이 너무 좌절하고 피해의식에 사로잡혀 있는 것 같습니다. 그만큼 세상에서 계속 교회가 짓밟히기 때문입니다. 어디 가서 예수 믿으라고 말도 못할 정도로 위축되어 있는데, 그럴 필요가 없습니다. 우리는 부끄러워도 주님은 영광스러우십니다. 우리는 연약하지만 주님은 강하세요. 이것이 실제이며 사실입니다. 세상에 속지 마십시오.

하나님께서는 지금도 "내가 누구를 쓸까? 이 시대를 누구에게 맡길까? 이 일을 누구에게 맡길까? 저 죽어가는 영혼들을 누구를 통해 살려낼까?" 이렇게 하나님의 사명을 맡길 자를 찾고 계십니다.

단 하나님의 사명자가 받을 영광은 이 땅에 있지 않습니다. 보상은 하늘에 가서 받는 것입니다. 이 땅에서 얻으면 천국에서 얻을 것이 없습니다. 이 땅에서 사람들이 알아주지 않아도 상관없습니다. 세상에서 인정받는 것보다 하나님나라에서 인정받는 것이 더 중요합니다. 오직 주님 앞에 가서 받을 상만 기대하고 사명의 길을 걸어가시기 바랍니다.

가장 위대한 일은 주님의 일을 하는 것입니다. 크든 작든, 잘하든 못하든, 악인의 장막에 거하는 것보다 하나님의 성전 문지기로 있는 것이 더 좋고, 주의 궁정에서의 한 날이 세상에서 보내는 천 날보다 낫다는 가치에 눈을 뜨시기 바랍니다. 영원하지 않은 것을 바라기보다 영원한 것에 투자하시기 바랍니다.

진짜 꿈, 영원한 꿈을 꾸며 주님이 부르실 때 이사야처럼 "내가 여기 있나이다 나를 보내소서"(사 6:8) 이렇게 응답하시기 바랍니다. 주님이 다시 오시는 날까지 죽든지 살든지 하나님이 맡기신 사명을 위해 달려가는 여러분이 되시기를 바랍니다.

chapter **10**

사명자의 최후 승리

디모데후서 4:6-8

어느 날 우리 교회에 등록한 분이 기도를 받고 싶다고 저를 찾아왔습니다. 그런데 이야기를 나누다보니 말투가 조금 이상했고, 알아보니 탈북한 자매님이었는데 남한에 와서 고생을 많이 하셨다고 합니다. 그래서 제가 가족 중에 누가 탈북을 하면 남은 가족들의 고통이 클 텐데, 후회하지 않느냐고 물었습니다.

그러자 그 집사님은 자신의 인생에서 예수님을 믿은 것 다음으로 잘한 결정이 탈북한 것이라고 대답했습니다. 북한에 살고 있는 아버지가 요직에 있어서 자신의 탈북 문제도 조사만 받고 끝이 나 가족에게 다른 불이익이 없는 것을 다행스럽게 생각하는 것 같았습니다.

이분은 다른 평범한 사람들보다는 더 많은 고생을 하고 삽니다. 그러나 북한의 실상을 직접 보고 경험한 사람에게 그 정도는 고생이 아니라고 합니다. 감히 남한을 천국에 비교할 수는 없겠지만, 이분에게는 남한에 가면 북한에서 사는 것보다 훨씬 낫다는 믿음이 있었다고 합니다. 가족을 포기하고 조국을 버렸다는 소리를 들어도 자기는 살아야겠다는 마음이 들었다는 것입니다.

그런데 그런 생각을 가진 사람이 북한에 많다고 합니다. 뉴스는 거짓으로 속일 수 있지만, 남한의 드라마를 보면 남한이 북한보다 훨씬 잘산다는 것을 확실히 알 수 있다는 것입니다. 건물, 자동차, 길거리, 사람들이 입고 다니는 옷을 어떻게 다 거짓으로 꾸밀 수 있겠습니까.

사는 것이 믿는 것

그런데 남한이 북한보다 잘사는 것을 아는 사람은 많아도 진짜 탈북을 감행하는 사람은 적습니다. '나도 남한에 가면 좋겠는데', '아무개는 브로커에게 돈을 주고 갔다는데', '언젠가 나도 가야지' 하면서도 탈출하지 못하고 북한에서 죽는 것입니다. 마찬가지로 천국이 있다는 것을 아는데 이 땅에 연연하여 살고, 천국을 믿는다고 하면서 지옥에 갈 짓을 하고 사는 것이 우리의 믿음입니다. 결국 사는 것만이 우리가 믿는 것입니다.

김용의 선교사님이 강원도에 살면서 가다 서다 하는 봉고차를 몰고 다니던 시절의 이야기입니다. 어느 날 밤 자정이 넘은 시간에 누가 울먹거리며 선교사님에게 전화를 걸어왔습니다. 자신의 어머니가 부산에 사시는데 어머니에게 복음을 전해달라고 애원하는 전화였다고 합니다. 그런데 김용의 선교사님이 전화를 받고 복음을 전하기 위해 그 길로 낡은 봉고차를 끌고 부산까지 갔다고 합니다.

그 일화를 듣고 나는 과연 그렇게까지 할 수 있을까 생각해보았습니다. 천국이 분명히 있고, 한 영혼이 천하보다 귀하다고 외쳤는데, 나와 아무 상관이 없는 사람 때문에 밤새 운전해서 부산까지 내려가 복음을 전할 수 있을지 솔직히 자신이 없었습니다.

천국이 있다는 것을 알고 믿는다면 선교사님처럼 행동하는 것이 맞습니다. 천국을 위해 이 세상에서의 삶을 기꺼이 포기하는 것이 진짜 믿음입니다. 그런 사람이 진짜 예수님의 종입니다.

예수님 당시에 큰 종교 계파 두 개가 있었습니다. 바리새파와 사두개파입니다. 사두개인들은 현세적이고 정치적이고 출세지향적인 세속적인 종교인들로 영적인 것을 추구하지 않았습니다. 천사도 부활도 영생도 믿지 않았고 죽으면 끝이라고 생각했습니다. 그러나 바리새인들은 소위 영적인 종교인들이었습니다. 천사도 부활도 영생도 믿었습니다.

그런데 문제는 성경에 바리새인들은 돈을 좋아하는 자들이라고 나온다는 것입니다. 영적인 것을 추구하지 않는 사두개인들이 돈을 좋아하고 권력을 좋아하고 이 땅의 쾌락을 좋아하는 것은 이해할 수 있습니다. 그런데 부활과 영생을 믿고 영적인 것을 구하는 사람들이 가장 현실적이고 세속적인 '돈'을 사랑했다는 것은 정말 기가 막힌 일입니다.

집 하인이 두 주인을 섬길 수 없나니 혹 이를 미워하고 저를 사랑하거나 혹 이를 중히 여기고 저를 경히 여길 것임이니라 너희는 하나님과 재물을 겸하여 섬길 수 없느니라 눅 16:13

하나님과 재물을 같이 섬길 수 없습니다. 돈을 사랑하면 하나님을 사랑할 수 없습니다. 그래서 그들이 주님으로부터 외식하는 자들이고 회칠한 무덤과 같다는 책망을 들은 것입니다.

그런데 우리가 바리새인은 아닙니까? 교회를 다니는 사람 중에 예수님을 제대로 믿는 사람이 별로 없습니다. 매주 자아를 죽이고 십자가를 져야 한다는 설교를 들으면서도 절대 자신을 죽이지 않습니다. 정말 지긋지긋할 정도로 죽지 않습니다. 교회를 수십 년 다녀도 삶이 변화되지 않는 사람이 많습니다.

제가 목사 안수를 앞두고 있을 때 교회에 허락을 받고 전도폭발 훈련을 받으러 갔습니다. 잠을 줄이고 암송하고 전도 실습을 하면서 새벽 6시부터 밤 12시까지 일주일간 강행군을 했는데 은혜를 많이 받고 평생 전도자로 살겠다고 기도를 했습니다.

집으로 돌아가는 길에 바로 전도를 해야겠다고 작정하고 전철을 탔습니다. 그런데 옆자리에 앉은 분이 너무 험악하게 생겨서 전도하기 어려울 것 같았습니다. 다른 불신자를 보내달라고 기도했더니 다른 사람이 앉았는데 그도 아닌 것 같아서 하나님께 전철에서 전도하는 것은 다음에 한다고 하고 내렸습니다. 집에 도착해서 집 앞에

슈퍼마켓 아저씨에게 전도해야겠다고 생각하고 슈퍼마켓에 들어갔는데 부부가 싸웠는지 분위기가 좋지 않았습니다. 말을 걸어도 대꾸도 하지 않아 음료수를 하나 사서 나오면서 "하나님, 내일 전도하겠습니다"라고 했습니다.

훈련받고 기도하고 은혜를 많이 받았는데도 이렇게 "내일, 내일"을 되풀이하다가 어느새 전도하겠다는 마음이 희미해졌습니다. 지금도 교회에서 설교하고 집회를 다니며 말씀을 전하니까 믿음이 있는 것처럼 보여도 세상 사람들에게 전도를 잘 못합니다. 만날 겨를이 없다는 것도 다 핑계일 뿐입니다.

바울의 종말 1 집착하지 않는다

그러나 바울은 저처럼 핑계 대면서 살지 않았습니다. 그는 아는 것과 믿는 것과 행동이 똑같은 사람이었습니다. 성도들을 핍박하던 사람이 예수님을 믿자마자 즉시 복음을 전했습니다. 목이 잘려 순교할 때까지 초지일관 자신의 전부를 걸고 믿음의 길을 달려갔던 사람입니다. 디모데후서는 바울의 마지막 서신서입니다. 그는 디모데에게 두 번째 편지를 보내며 자신의 마지막이 다가왔음을 직감했던 것 같습니다.

전제와 같이 내가 벌써 부어지고 나의 떠날 시각이 가까웠도다 딤후 4:6

바울은 자신이 전제로 제단에 부어지고 그렇게 끝이 다가왔다고 말합니다. 그는 자신이 엎질러진 물과 같고 끝나가는 심지와 같다는 것을 알았습니다. 그런데 죽는다고 말하지 않고 떠날 시각이 가까이 왔다고 합니다. 전혀 낙심한 구석이 보이지 않습니다. 이 세상에 미련이 하나도 없는 것입니다. 바울은 날마다 마지막을 생각하는 종말론적인 삶을 살아가는 사람이었습니다. 그렇기 때문에 세상을 이길 수 있었습니다.

자식에 집착하는 사람은 자식을 절대 이길 수 없습니다. 자식에 집착하면 자식에게 평생 끌려다니게 됩니다. 사탄이 그것을 이용하기 때문입니다. 마찬가지로 돈에 집착하면 돈을 못 이기고, 세상에 집착하는 사람은 세상을 이길 수 없습니다. 바울이 세상을 이기고 승리할 수 있었던 것은 세상의 가치관을 버렸기 때문입니다.

어느 집사님의 딸이 고등학교 때 엄청나게 방황을 했습니다. 딸이 며칠 집에 안 들어오다가 어쩌다가 집에 들어오면 부모로서 야단을 치는데 그럴 때마다 딸은 죽어버리겠다고 소리를 지르고 다시 집을 나가버렸습니다. 전화해도 받지 않고 어디에 있는지도 모르니까 집사님이 도무지 살 수가 없었습니다. 그런데 그 과정을 겪으면서 집사님이 두 가지를 깨달았다고 합니다. 첫째, 하나님의 눈에는 자신 역시 방황하는 딸처럼 보일 수 있다는 것과 둘째, 하나님께 딸을 맡긴다고 하고 실상은 자신이 딸을 움켜쥐고 있다는 것입니다.

집사님이 딸을 하나님께 맡겨보려고 기도를 하면, 그때마다 딸이 아파트에서 뛰어내려 피투성이가 된 모습이 보이고, 정말 그렇게 될 것 같다는 생각에 소름이 끼쳐서 더 이상 기도할 수가 없었습니다. 그런 현상이 반복되다가 어느 날 이것이 마귀의 속임이라는 것을 깨닫고 이분이 이렇게 선포했습니다. "하나님, 딸의 영혼을 데려가셔도 좋습니다. 저는 이 시간부터 딸을 포기합니다." 그렇게 딸을 하나님께 온전히 맡기자 마귀의 공격이 사라지고 세상이 줄 수 없는 평안이 자신 안에 들어오는 것을 느꼈고, 그 후로 딸이 변화되어 이제는 함께 새벽기도를 나오고 있습니다.

우리는 하나님께 맡긴다고 하고 입으로만 할 때가 너무 많습니다. 자식도 하나님께 맡겨야 이길 수 있습니다. 그럴 때 세상을 이기는 기적이 일어납니다.

바울의 종말 2 끝까지 예수 안에 있다

바울에게는 이 세상의 끝과 한계를 아는 지혜가 있었습니다. 그는 주님이 다시 오시는 날, 온 우주가 종말을 맞든지, 자신이 떠날 시각이 다가왔다고 한 것처럼 우리가 죽어서 개인적인 종말을 맞든지 반드시 종말이 온다는 것을 알았습니다. 그러니까 이 세상의 돈도, 명예도, 권력도 의미가 없습니다. 아직도 좋은 학벌, 집안, 직업을 따집니까? 궁궐 같은 집에 산다고 으스댈 것도 없고 초막에 산다고 기죽을 필요도 없습니다.

그래서 우리는 뭐든지 할 수 있는 능력이 있습니다. 청소를 못할 일도 없고, 운전을 못할 것도 없고, 쓰레기를 줍고 살아도 괜찮습니다. 세상에 아무 미련 없이 하루하루 최선을 다해 살면 됩니다. 중요한 것은 땅에서는 나그네이고, 결국 천국이 우리의 최종 목적지이며, 지금 우리가 예수님 안에 있는 것입니다. 예수님 없이 이 땅에서 잘사는 것을 부러워할 필요가 없습니다. 어차피 부자는 천국에 들어가기 어렵고, 재벌은 아쉬울 것이 없어서 예수를 믿지 않습니다. 비록 우리가 고난을 겪고 병들고 세상에서 실패하고 마음이 힘들어 잠이 오지 않아도 예수님을 믿고 여기까지 왔다면 그보다 더 큰 복은 없습니다.

제가 예수님을 믿고 목사가 되었다는 것이 너무 황홀하고 믿어지지 않아 1년에도 몇 번씩 자다 깰 때가 있습니다. 이런 기쁨을 누리는 사람이 전 세계에 몇이나 될까요? 전 세계 75억 명 중에 예수 믿고 천국에 갈 확률이 몇 퍼센트나 될까요? 우리가 복음이 선포되는 교회, 항상 십자가가 결론인 좋은 교회에 다닐 확률이 얼마나 될까요? 물고기는 태어나서부터 물 속에 사니까 자기가 물 속에 있는지 모릅니다. 나중에 물 밖으로 뛰쳐 나가봐야 물 없이 살 수 없다는 것을 깨닫고 정신을 차립니다. 우리는 철이 없어도 너무 없습니다. 우리가 예수 안에만 있으면 삽니다.

우리 교회 청년의 어머니가 병원에서도 병명을 찾아내지 못하는 병 때문에 교회에 나오게 되었습니다. 그럴 때 병도 복이 될 수 있습니다. 하나님께서 고난을 통해 우리를 부르시기도 하기 때문입니다. 만약 우리에게 어려움이 없었다면 예수님을 찾아 나올 수 있었겠습니까? 어려움이 있어서 교회도 나오고 예수님도 만날 수 있었다면 어려움이 복된 기회입니다.

바울의 종말 3 버리면 힘이 생긴다

나폴레옹도 히틀러도 러시아 정복에 실패했습니다. 그들의 기세로는 러시아를 정복하고도 남았지만, 러시아는 땅이 넓어 깊숙이 들어갈수록 후방과 너무 멀어져 전쟁을 지속할 수 있는 전쟁 물자를 공급받기 어렵습니다. 더욱이 러시아 사람들이 점령 지역을 떠나면서 우물에 독을 풀고 곡식을 다 불태우고 떠났기 때문에 병사들은 굶주림으로 죽고 질병에 죽고 추위에 떨며 죽어갔습니다. 그래서 결국 러시아에서 빠져나오는 수밖에 다른 방법이 없었다고 합니다.

마귀가 우리를 건드리려고 하면 우리에게 흔들고 빼앗을 것이 있어야 하는데, 우리에게 아무것도 없으면 무엇으로 우리를 공격하겠습니까? 우리의 힘은 집착에서 나오는 것이 아니라 버리는 데서 나옵니다. 세상의 가치관을 버리고, 탐욕을 버리고, 높아짐을 버리는 것입니다. 그러면 마귀도 우리를 공격할 수 없습니다. 감옥에 보내도 찬송하고, 매를 쳐도 툴툴 털고 일어나 다시 복음을 전한다면 도무지 감당이 되지 않는 것입니다. 오직 하나님나라에 소망을 두고 살기 때문입니다.

이 세상은 여행지에 불과합니다. 여행을 갔다가 불친절한 숙박 주인을 만나도 조금만 참으면 되니까 괜찮습니다. 아무리 좋은 곳을 여행해도 그때뿐이고 사진 몇 장밖에 남지 않습니다. 여행을 마치고 돌아올 때 똑같이 하는 말이 있습니다. "역시 집이 최고야!" 어쩌면 우리는 돌아갈 집이 있고 그 집이 너무 좋은 것을 확인하기 위해 여행을 떠나는지도 모릅니다. 우리는 언제라도 주님에게 갈 준비가 되어 있어야 합니다. 세상을 버리고 하늘 소망을 마음에 품고 살아가는 우리가 되어야 합니다.

바울의 인생 1 선한 싸움을 싸운다

싸움에는 죽이는 싸움과 살리는 싸움이 있습니다. 바울은 선한 싸움을 하며 살았습니다. 복음을 전하고 사람들을 살리는 것이 선한 싸움입니다.

나는 선한 싸움을 싸우고 나의 달려갈 길을 마치고 믿음을 지켰으니

딤후 4:7

바울은 주께서 자신을 세례를 주라고 보내신 것이 아니라 복음을 전하라고 보내셨다고 말합니다. 마찬가지로 교회는 세례를 주는 곳

이 아니라 복음을 전하는 곳입니다.

그리스도께서 나를 보내심은 세례를 베풀게 하려 하심이 아니요 오직 복음을 전하게 하려 하심이로되 말의 지혜로 하지 아니함은 그리스도의 십자가가 헛되지 않게 하려 함이라 고전 1:17

복음을 전하면 누군가 살아납니다. 어느 날 제 마음속에 복음이 들어왔고 복음이 저를 살렸습니다. 여러분도 마찬가지입니다. 말씀이 곧 복음인데 말씀이 우리의 심령에 들어오면 죽을 자가 살아납니다.

내가 진실로 진실로 너희에게 이르노니 내 말을 듣고 또 나 보내신 이를 믿는 자는 영생을 얻었고 심판에 이르지 아니하나니 사망에서 생명으로 옮겼느니라 요 5:24

그는 허물과 죄로 죽었던 너희를 살리셨도다 엡 2:1

우리는 이미 영적으로 죽었던 존재입니다. 이 세상에서 죄를 지어서 죽어가는 존재가 아니라 이미 죽어서 태어난 영적 사생자입니다. 영적으로 새파랗게 질려서 산송장이 되어 나온 것입니다. 그렇게 죽었던 우리가 복음을 만나 살게 된 것입니다. 천국에 가서 사는 것이 아니라 이 땅에서 생명 가운데 산 자가 천국에 가게 되는 것입니다. 따라서 주의 생명이 없고 아직 죽은 상태로 살아가는 자들에게 복음을 전하는 것이 우리가 감당해야 할 선한 싸움입니다.

저는 21살부터 전도사로서 설교하면서 여기까지 왔습니다. 지금까지 오면서 잘했든 잘못했든, 중요한 것은 아직 지지 않았다는 것입니다. 싸움이 아직 끝나지 않았고, 아직은 무릎 꿇지 않았다는 것입니다. 교회는 그냥 세워지지 않습니다. 세워졌다고 해서 끝도 아닙니다. 대적 마귀가 밤낮으로 굶주린 사자처럼 교회를 집어삼키려고 합니다. 교회는 아주 사소한 문제 하나로 얼마든지 시험에 들고, 그것이 빌미가 되어 분열할 수도 있습니다. 그럼에도 불구하고 교회가 세워져서 여기까지 왔다면 그것은 선한 싸움에서 승리했기 때문입니다.

세상에서 아무리 잘나가는 기업이라도 싸움에서 지면 사라지게 됩니다. 30년 전 10대 기업 중에 얼마나 살아남았을까요? 한때 전 세계를 휩쓸었던 제품도 경쟁에서 지면 사라지는데 영적으로 지면 진짜 큰일나지 않겠습니까? 바울도 살기 위해서 싸워야만 했습니다. 죄와 싸우고, 유혹과 싸우고, 육체의 가시와 싸우고, 마귀와 싸우고, 세상 권세와 싸우면서 왔습니다. 자신을 위한 싸움이 아니라 선한 싸움이었습니다. 나쁜 싸움은 도둑질하고 죽이고 멸망시키려고 하지만 선한 싸움은 살리고 회복시키고 천국에 가게 하는 싸움입니다.

우리의 진짜 적은 우리 안에 있지 않습니다. 제일 바보 같은 싸움이 교회끼리 싸우고 성도끼리 경쟁하는 것입니다. 악하고 미워하고 죽이는 싸움을 하지 말고 선한 싸움을 하시기 바랍니다. 분별하시기 바랍니다. 진짜 적과 싸우시기 바랍니다. 마귀와 싸우고, 흑암의 권세와 싸우고, 세상 권세와 싸우고, 피 흘리기까지 죄와 싸워서 승리하시기 바랍니다.

바울의 인생 2 끝까지 마쳤다

마지막으로 바울은 자신의 달려갈 길을 마쳤다고 합니다. 언제부터인가 "끝날 때까지 끝난 것이 아니다"라는 말이 유행하고 있습니다. 이 말은 뉴욕 양키스의 전설적인 포수 요기 베라가 남긴 말입니다. 야구는 9회 말 스리 아웃이 되어야 종료하는 경기입니다. 9회 말 투 아웃이라고 해도 포기해서도 안 되고 방심해서도 안 된다는 의미입니다. 7절에서 바울은 자신이 달려갈 길을 마칠 때까지 방심하지 않는다는 의미로 말하고 있습니다. 그는 끝까지 포기하지 않았고 마지막에 웃었습니다.

저는 우리가 코로나를 겪는 과정 속에서 믿음을 잃은 사람이 정말 많다고 생각합니다. 초신자들, 연약한 자들, 시험 든 자들, 낙심한 자들이 마치 이가 흔들거릴 때 턱을 세게 맞아 이가 그냥 빠져버리는 것처럼 교회를 떠났습니다. 경제적으로 어려운 사람, 관계가 힘든 사람도 예배에 한두 달 빠지다가 홀연히 사라져버립니다. 그런데 이제 시작입니다. 앞으로 더한 일도 일어날 수 있습니다. 끝날 때까지 끝난 것이 아닙니다.

우리의 믿음은 환난을 만나봐야 알 수 있습니다. 가짜 금과 진짜 금은 불에 던져봐야 알 수 있듯이 믿음도 시련의 불을 만나봐야 진짜 믿음인지 알 수 있습니다.

만일 누구든지 금이나 은이나 보석이나 나무나 풀이나 짚으로 이 터 위에 세우면 각 사람의 공적이 나타날 터인데 그 날이 공적을 밝히리니 이는 불로 나타내고 그 불이 각 사람의 공적이 어떠한 것을 시험할 것임이라 만일 누구든지 그 위에 세운 공적이 그대로 있으면 상을 받고 누구든지 그 공적이 불타면 해를 받으리니 그러나 자신은 구원을 받되 불 가운데서 받은 것 같으리라 고전 3:12-15

지금 같으면 어떤 고난과 시련이 와도 이길 수 있을 것 같고, 순교도 할 수 있을 것 같습니까? 그런데 교회에 와서 예배드리는 것이 진짜 불법인 세상이 오면 어떻게 하겠습니까? 교회에 모이면 벌금을 내게 하고, 교회에 가면 감옥에 보낸다고 하면 어떻게 하겠습니까? 그런 세상이 오지 않을 것 같습니까? 아무도 모릅니다. 지금 우리의 믿음보다 앞으로 벌어질 싸움을 견딜 수 있는 믿음이 있는지가 더 중요합니다.

마라톤 경주에서 결승선 직전까지 1등으로 달린 것은 중요하지 않습니다. 결승선을 누가 먼저 통과하는지가 중요합니다. 100미터를 앞두고 다리에 쥐가 나서 결승선을 통과하지 못했다면 지금까지 1등으로 달린 것은 아무 의미도 없어집니다. 그 사람은 완주하지 못한 자입니다.

성경에도 믿음을 저버린 사람이 차고 넘칩니다. 가룟 유다가 믿음을 버렸고, 데마가 이 세상을 사랑해서 바울을 버리고 데살로니가로 갔고, 에베소교회가 처음 사랑을 잃어버렸습니다. 겸손하게 시작했지만 비참하게 마지막을 맞은 사울 왕, 다윗 역시 지옥 문턱까지 갔다가 다시 살아온 케이스입니다. 솔로몬도 노년에 망했습니다.

여러분은 넘어지지 않을 자신이 있습니까? 끝까지 포기하지 않을 자신이 있습니까? 마귀가 바울을 얼마나 공격했겠습니까? 바울 하나가 넘어지면 교회가 받는 타격이 상당한데 가만두었을 리가 없습니다. 그럼에도 바울은 마지막까지 넘어지지 않았습니다. 오늘 이겼다고 만족하지 않고 죽을 때까지, 마지막까지, 이기고, 참고, 기도하고, 돌파하고, 방심하지 않았던 것입니다.

형제들아 너희는 삼가 혹 너희 중에 누가 믿지 아니하는 악한 마음을 품고 살아 계신 하나님에게서 떨어질까 조심할 것이요 오직 오늘이라 일컫는 동안에 매일 피차 권면하여 너희 중에 누구든지 죄의 유혹으로 완고하게 되지 않도록 하라 우리가 시작할 때에 확신한 것을 끝까지 견고

히 잡고 있으면 그리스도와 함께 참여한 자가 되리라 히 3:12-14

공중에 나는 새 한 마리도 하나님의 허락 없이 떨어지지 않는데 코로나 팬데믹과 같은 큰 문제가 하나님의 허락 없이 일어났겠습니까? 물론 마귀가 하는 짓이지만 마귀가 독단적으로 벌인 일은 아니라고 생각합니다. 저는 '주님이 이 땅에 오시기 전에 우리의 믿음을 점검하기 위해 흔들어보시는구나' 하는 생각이 들었습니다. 그러나 끝까지 견디는 자만이 구원을 얻을 수 있습니다.

잠시 머무는 이 세상을 이기는 비결은 움켜쥐는 것이 아니라 놔버리는 것입니다. 우리가 세상에 집착하지 않으면 세상이 우리를 건드릴 수 없습니다. 주님도 이 세상에 그 어떤 미련도 없었기 때문에 마귀의 수많은 유혹을 이길 수 있었고, 십자가의 길을 묵묵히 걸어가셨습니다. 이것이 세상이 예수님을 감당하지 못한 비결입니다.

우리도 그 길을 걸어가야 합니다. 방심하지 말고, 포기하지 말고, 오늘의 믿음보다 더 큰 믿음으로, 넘어지지 않고 최후 승리를 얻기까지, 승리의 면류관을 쓸 때까지 믿음으로 달려가는 여러분이 되시기를 바랍니다.

chapter **11**

참된 신자는 핍박을 받는다

누가복음 10:1-3

우리가 하나님을 바르게 믿어도 고난받을 수 있습니다. 그러나 시험을 이상한 일 당하는 것처럼 생각하지 마십시오. 더욱이 그리스도를 위한 고난이라면 상급이 있으니 기뻐하고 즐거워하라는 것이 마태복음 5장의 말씀입니다. 그러면 하나님이 몰라서 무기력해서 우리가 고난당하는 것을 두고 보시는 것일까요? 아니요. 그 일을 통해 우리가 하늘에서 받을 상을 쌓을 수 있다는 것입니다. 오히려 역발상입니다.

나로 말미암아 너희를 욕하고 박해하고 거짓으로 너희를 거슬러 모든 악한 말을 할 때에는 너희에게 복이 있나니 기뻐하고 즐거워하라 하늘에서 너희의 상이 큼이라 너희 전에 있던 선지자들도 이같이 박해하였느니라 마 5:11-12

기복신앙의 문제는 이 세상에서 잘 되는 것을 마치 믿음의 결론처

럼 여기게 한다는 것입니다. 그러나 그것은 십자가를 잃어버린 가짜
신앙이 될 수 있습니다. 이 세상은 마귀가 설계한 대로 되어 가고 있
습니다. 그렇지만 그것도 하나님께서 예상하지 못한 일이 아닙니다.
지금 일어나는 핍박, 시련, 복음에 대한 무관심, 세상이 더 악해진다
고 성경에 이미 다 나와 있습니다. 예수님의 재림이 가까울수록 가
짜들이 설치게 된다고 성경에 분명히 나와 있는데도 시험에 든다는
것은 어리석은 일입니다.

성경이 증언한 것처럼 마귀는 이 세상의 주관자가 되었습니다. 물
론 하나님이 허락하신 한시적인 기간 동안이겠지만, 마귀가 이 세상
을 마음대로 할 수 있게 된 것입니다. 누가복음에 마귀가 예수님을
시험하는 장면이 나오는데, 마귀는 이렇게 말했습니다.

마귀가 또 예수를 이끌고 올라가서 순식간에 천하 만국을 보이며 이르
되 이 모든 권위와 그 영광을 내가 네게 주리라 이것은 내게 넘겨준 것이
므로 내가 원하는 자에게 주노라 그러므로 네가 만일 내게 절하면 다
네 것이 되리라 눅 4:5-7

6절에 보면 "이것은 내게 넘겨준 것이므로 내가 원하는 자에게 주
노라", 그러니까 "이 세상이 나에게 주어졌다", "이 세상은 내 것이
다" 그런 말입니다. 마귀는 예수님이 자신에게 경배하면 이 세상을
주겠다고, 감히 참 주인이신 예수님을 시험하여 말하고 있습니다.

그만큼 마귀가 이 세상을 통치하고 마음대로 주무른다는 것입니다. 이 세상은 마귀가 설계한 세상이 되어 마귀가 설계한 특징들이 몇 가지 나타나고 있습니다.

마귀가 설계한 세상 1 가짜가 항상 많다

첫째, 마귀가 설계한 세상에는 가짜가 진짜보다 항상 많았습니다. 즉 넓은 문으로 가는 자들이 많다는 것입니다. 그러나 우리는 좁은 문으로 들어가기를 힘써야 합니다. 생명으로 인도하는 문은 좁고 그 길이 협착하여 찾는 자가 적습니다. 사실 우리도 편하게 살고 싶고, 욕 안 먹고 박수받으며 살기를 원합니다. 그러나 십자가를 지려고 한다면 그것은 애당초 절대 말이 되지 않습니다.

교회에도 간혹 신앙생활이 이렇게 힘든지 몰랐다고 말하는 초신자들이 있습니다. 그러면 저는 그 사람에게 천국에 거저 가는 것이 아니고, 교회에 날개 없는 천사만 있지 않고, 교회는 오히려 은혜받은 죄인들의 집단이라고 말합니다. 이스라엘 백성들은 노예였던 애굽의 삶에서 빠져나와 홍해를 건너 광야로 나왔습니다. 우리가 처음 교회에 나와 세례를 받았으면 그것으로 끝이 아닙니다. 이제 새로운 시작입니다.

이스라엘 백성들에게 애굽과 홍해와 광야의 삶은 날마다 다툼이요, 모세를 통해 기사와 표적으로 수없이 은혜를 경험하고도 은혜를 모르고, 하나님이 주시는 만나와 메추라기를 먹으면서 그 힘으로 하나님께 끊임없이 반항하고 불평하고 원망하던 시간이었습니다. 그렇게 광야에서 40년을 보내니까 성숙해져서 가나안 땅에 들어가 파죽지세로 싸우다가 시간이 흐르고 먹고살 만해지니까 다시 하나님을 배반했던 것이 이스라엘 백성들이었습니다. 그런데 그 이스라엘 백성들이 지금 내 안에 있고, 우리 교회 안에 똑같이 있는 것입니다.

진짜보다 가짜가 너무 많은 시대입니다. 이 세상에서는 가짜가 진짜를 이깁니다. 가인이 아벨을 죽였듯이 가짜가 진짜를 이깁니다. 노아의 시대에 사람들은 노아의 말을 무시했고 결국 노아의 가족 8명만 구원받고 전부 수장되었습니다. 마귀가 거짓된 자이기에 마귀가 설계한 세상에서는 항상 거짓이 득세합니다. 신앙의 영역뿐만이 아닙니다. 가짜 정치인이 훨씬 많고 가짜 성도가 훨씬 많습니다. 그렇기 때문에 지옥에 가는 자가 천국에 가는 자보다 항상 많았고, 앞으로 더 많아질 것입니다.

우리나라 국민 중에서도 죽으면 지옥에 갈 사람이 훨씬 많습니다. 기독교 인구가 1천만이 넘는다고 하는데 그것은 허수입니다. 이 교회 저 교회 다니면서 등록한 교회만 여러 곳이 되는 사람도 있기 때문입니다. 따라서 기독교 인구는 아무리 많이 잡아도 500만 명 정도 될지 모르겠습니다. 그 사람들이 전부 천국에 가더라도 우리나라 인구의 90퍼센트는 지옥에 가는 것입니다.

그런데 기독교인이라고 전부 천국에 가겠습니까? 그중 절반이라도 가면 다행입니다. 물론 누가 구원받았고 누가 구원받지 못했는지 감히 정확히 알 수 없습니다. 그것은 하나님만이 아십니다. 하지만 한 가지 확실한 것은 가짜가 진짜보다 훨씬 많다는 것입니다. 그리고 마지막 때가 다가올수록 가짜가 더 많아진다는 것입니다.

마귀가 설계한 세상 2 진리가 외면당한다

둘째, 마귀가 설계한 세상에서 진리는 항상 외면당한다는 것입니다. 세상은 진리에 관심이 없습니다. 진리보다는 자기 이익에만 관심이 있습니다. 정치인이 처음 선거에 나올 때는 국민을 위해 정치하겠다고 하지만 결국 그가 관심이 있는 것은 자신의 정치 생명입니다. 장사하고 기업하는 사람들은 정직하게 일하기보다 어떻게 하면 자기 수익을 더 올리느냐에 관심이 있습니다.

목사도 마찬가지입니다. 처음 목회자가 되면 목숨을 바쳐서 주님을 위해 살겠다고 하는데, 점점 교회를 키우는 데 목숨을 바치기 시작합니다. 성도들이 더 이상 영혼으로 보이지 않고 교회를 키워주는 사람들로 보입니다. 슬프게도 교회 안에서조차 진리보다는 사람들의 평판에 더 관심을 두어서 장로, 권사가 되지 못하면 창피해서 교회를 떠나버립니다. 천국 가는 것보다 장로, 권사가 되는 것이 더 중요합니까? 이처럼 진리를 잊어버리고 비본질적인 이익만 좇아가게 만드는 것이 바로 마귀가 만들어놓은 세상입니다.

> 너는 말씀을 전파하라 때를 얻든지 못 얻든지 항상 힘쓰라 범사에 오래 참음과 가르침으로 경책하며 경계하며 권하라 때가 이르리니 사람이 바른 교훈을 받지 아니하며 귀가 가려워서 자기의 사욕을 따를 스승을 많이 두고 또 그 귀를 진리에서 돌이켜 허탄한 이야기를 따르리라 딤후 4:2-4

마지막 때가 다가올수록 사람들은 진리를 벗어납니다. 귀를 닫고 말씀을 듣지 않습니다. 그뿐만 아니라 진리를 말하는 자들을 밀어 내고 자기가 듣고 싶은 말을 해주는 사람을 곁에 둡니다. 즉 진리를 따라가기보다 자기 귀를 만족시켜주는 사람을 찾아다닙니다. 오죽 하면 학교가 무너졌다고 하겠습니까. 학생이 잘못하면 교사가 혼을 내는 것이 당연한데, 부모가 자기 자식을 위한다고 교사의 권위를 무너뜨리니까 학교가 아주 엉망이 되어버렸습니다.

심각한 것은 이런 풍조가 교회에도 들어왔다는 것입니다. 성도들이 교회에서 전파하는 진리를 듣지 않습니다. 술을 먹지 말라고 하면 마음에 상처를 받았다고 하고, 심지어 술을 먹지 말라는 소리가 듣기 싫다고 교회를 떠납니다. 예배에 늦지 말라고 하면 너무 율법 적이라고 합니다. 교회에 다니는 사람들조차 자기가 듣고 싶은 소리, 자기 정욕을 채워줄 거짓 스승을 따릅니다. 그래서 자신들이 듣고 싶은 설교를 들려주는 교회와 삯꾼 목사를 찾아가 복 받으라는 설교를 평생 듣다가 삯꾼 목사와 함께 지옥에 가는 것입니다.

오죽하면 AI 목사까지 출현했겠습니까? 자신이 듣고 싶은 설교의 주제를 입력하면 AI 목사가 1분도 안 돼서 듣고 싶은 설교로 위로해준다는 세상이 되었습니다. 세상이 진리를 버리고 정욕을 따라 살아가는 것은 그나마 이해가 되는데, 성도들마저 진리에 귀를 기울이지 않고 자신의 필요를 채워줄 교회, 자신의 욕망을 채워줄 목사를 찾아다닙니다. 우리가 교회를 결정하는 가장 중요한 조건은 진리를 따르는 것이 되어야지, 그 교회와 목사가 자신과 코드가 맞느냐 아니냐가 아닙니다. 자신의 원함이 아닌 진리와 거짓을 분별하는 능력이 중요합니다. 그런데 그 기준이 점점 사라지고 있다는 것이 큰 문제입니다.

마귀가 설계한 세상 3 파괴적이고 더럽다

셋째, 마귀가 설계한 세상은 항상 파괴적이고 더럽습니다. 죽어야 끝나고, 망해야 끝나고, 지옥에 보내야 끝이 납니다. 한번 싸우면 둘 중에 하나가 죽어야 끝나지 절대로 굽히지 않습니다. 교회에서 싸움이 나면 한쪽이 다 떠나 세상으로 가야 끝이 납니다. 예전에는 결혼하기 전에 아기가 생기면 어쩔 수 없이 울며 결혼했습니다. 그런데 이제 혼전임신은 아무렇지도 않은 일이 되었고 부끄럽게 생각하지도 않습니다. 심지어 예수님을 믿는 사람도 혼전임신을 당당하게 이야기합니다. 어디까지 더러워졌느냐 하면 동성애, 짐승과의 성행위, 근친간의 성관계까지 벌어집니다. 정말 더럽기가 한이 없는 세상이 되었습니다.

문제는 이렇게 세상이 날로 악해져 가는데 그것을 보고 경계하는 것이 아니라 오히려 세상을 앞서간다고 하고, 인생을 멋지게 산다고 미화한다는 것입니다. 소돔과 고모라와 같은 세상이 아니라 소돔과 고모라보다 더한 세상이 되었습니다. 마지막 때가 가까울수록 세상은 점점 파괴적이고 더러워지고 악해질 대로 악해질 것입니다. 이것이 마귀가 설계한 세상입니다.

참된 신자는 핍박을 받는다

태국은 아주 특이한 나라입니다. 다른 나라가 쳐들어오면 그대로 문을 열어준다고 합니다. 그런데 우리나라는 중국이나 일본이 쳐들어오면 여자와 아이들까지 나가서 싸웠습니다. 나라를 빼앗겨도 포기하지 않고 다시 되찾기 위해 몸부림치면서 피를 흘리는 나라입니다.

만일 우리가 타협하면 고난은 없습니다. 죄의 문을 열어버리면 피흘리고 싸울 일이 없습니다. 이 세상이 어떻게 돌아가는지 관심도 없고, 마귀가 어떤 공격을 하든지 상관하지 않고, 세상이 다 그렇다고 흘러가는 대로 그대로 두면 싸울 일이 생기지 않습니다. 그런데 참된 신자는 그렇게는 살 수 없습니다. 우리 안에 예수님이 계시기 때문에 이런 세상을 맞이한 이상 참된 신자에게는 분명히 어떤 일이 생기게 됩니다.

첫째, 참된 신자는 이 세상에서 핍박을 받게 됩니다. 그런데 이 핍박은 역설적으로 참된 믿음의 증거가 됩니다. 다시 말하지만, 십자가가 없는 사람은 고통이 없습니다. 그러나 영광도 없습니다.

예수께서 이르시되 내가 진실로 너희에게 이르노니 나와 복음을 위하여 집이나 형제나 자매나 어머니나 아버지나 자식이나 전토를 버린 자는 현세에 있어 집과 형제와 자매와 어머니와 자식과 전토를 백 배나 받되 박해를 겸하여 받고 내세에 영생을 받지 못할 자가 없느니라 막 10:29-30

이 땅에서 십자가는 일시적 고난이지만, 천국에 가면 영광으로 바뀌게 될 것입니다. 놀라운 것은 이 땅에서는 박해만 받고 천국에 가야 복을 받는 것이 아니라 이 땅에서도 복을 백 배나 받는다는 것입니다. 그런데 잊지 말아야 할 것은 박해를 겸하여 받는다는 것입니다. 반대로 오히려 박해가 없다면 그것은 가짜라는 증거가 됩니다. 그만큼 약하다는 것이고, 더 나아가 세상과 타협한 가짜라는 말이 됩니다.

요한 웨슬리는 말을 타고 40만 킬로미터 이상 다니며 복음을 전했는데, 가는 곳마다 핍박과 시련이 심했습니다. 그런데 어느 날 핍박이 없으니까 오히려 하나님 앞에 버림받은 것이 아닌지 불안해 하며 기도하는데 갑자기 돌이 날아왔다고 합니다. 그러자 그는 아직 버림받지 않았고 여전히 하나님의 자녀임을 확신하며 기쁜 마음으로 다시 전도하러 갔다고 합니다.

예수를 믿고 고난이 없다는 것은 정상이 아닐 수도 있습니다. 이것이 역발상입니다. 참된 교회는 핍박을 받을 수밖에 없습니다. 전도하는데 핍박을 안 받습니까? 모여서 찬송하는데 핍박을 안 받을 수 있겠습니까? 기도하는데 마귀가 그냥 두겠습니까? 제대로 믿으려고 교회에 모이면 예수에 미쳤다는 조롱을 듣게 됩니다. 진짜 살아있는 생명 공동체는 시끄럽고 투쟁하고 결국은 승리하게 됩니다.

그러나 안타깝게도 지금은 세상과 타협하는 자들이 너무 많아졌습니다. 성도들의 비위를 맞추느라 진리를 타협하는 목사, 남편이나 아내가 무서워서 신앙을 버리는 자, 가난이 두려워서 교회를 떠나고, 왕따가 무서워서, 승진에 방해가 될까봐 믿음을 버리는 자들이 너무 많습니다. 그런 사람들에게는 믿음의 싸움을 할 기회조차 주어지지 않습니다.

사실 이 시대는 목회자보다 일반 성도들이 더 믿음의 싸움을 많이 합니다. 명절에 제사 문제를 놓고, 주일에 가게를 열지 말지 고민하고, 중요한 프로젝트 때문에 예배에 빠져야 하는 상황 등 일상에서 마주하게 되는 현실적인 문제가 상당합니다. 예배당을 나서자마자 성도들 앞에 믿음의 싸움이 기다리고 있는 것입니다. 끝까지 타협하지 않으면 융통성이 없다고 하고, 예수는 저렇게 믿는 것이 아니라는 조롱이 돌아옵니다. 그래도 어쩔 수 없습니다. 참된 성도는 사탄의 수하에 놓인 세상의 시스템에서 고난당하게 되어 있기 때문입니다. 세상으로부터 따돌림당하고, 조롱을 받고, 세상으로부터 이해받지 못할 집단 취급받는 것을 피할 수 없습니다.

성도들이 이렇게 세상과 치열하게 싸우는데 그런 성도들의 마음은 몰라주고 새벽기도에 왜 안 나오냐, 주일을 왜 안 지키냐, 십일조 드리라는 말만 하는 목사가 정말 답답할 수도 있습니다. 하지만 그래도 싸워야 합니다. 공평하신 하나님께서 여러분의 싸움을 다 기억하고 계십니다. 사실 목사들은 하나님이 쓰시는 사냥개일 뿐입니다. 토사구팽(兎死狗烹)이라는 말이 있는데 토끼를 잡으면 토끼를 사냥한 사냥개까지 잡아먹어버린다는 말입니다. 제가 목사님들에게 하나님의 부르심에 철저히 쓰임받자고 종종 하는 말입니다. 깨어서 제대로 사역하지 않고 필요가 없어지면 버림받을 뿐이기 때문입니다.

세상은 타협하지 않는 사람을 가만두지 않습니다. 하나님의 진리를 지키는 자들을 꺾어버리려고 합니다. 하지만 명심하십시오. 끝까지 견디는 자는 승리합니다. 우리가 어리석고 미련해서 고난을 당하는지, 복음을 지키느라 고난을 당하는지 잘 따져봐서 예수 때문에 당하는 고난이 있다면 기뻐하고 즐거워하십시오. 하늘에서 받을 상이 크기 때문입니다.

참된 신자에게는 기적이 따른다

둘째, 참된 신자에게는 기적이 따릅니다. 다니엘의 세 친구나 다니엘도 세상과 타협했다면 풀무불이나 사자굴에 들어갈 일이 없었을 것입니다. 하지만 세상과 타협하지 않았을 때 하나님은 다니엘의 세 친구들과 함께하셔서 그들이 불 속에서 머리털 하나 타지 않게 해주셨습니다. 하나님께서 참된 신자를 그냥 두지 않고 함께하시는 것이 기적입니다. 하나님과 함께하는 사람에게는 생명이 있습니다. 반대로 마귀와 함께하는 사람에게는 사망이 기다리고 있습니다.

예수님이 제자들을 파송하실 때 이해할 수 없는 말씀을 하셨습니다.

갈지어다 내가 너희를 보냄이 어린 양을 이리 가운데로 보냄과 같도다
눅 10:3

양을 이리 가운데 보내는 것은 죽으라는 소리 아닙니까? 그런데 이것은 예수님이 양으로 이리를 잡겠다는 뜻으로 하신 말씀입니다. 우리는 약하나 하나님이 함께하시면 세상을 이길 수 있습니다.

그런즉 너희는 하나님께 복종할지어다 마귀를 대적하라 그리하면 너희를 피하리라 약 4:7

우리가 마귀를 대적하면 마귀가 우리를 피하게 됩니다. 그런데 99

퍼센트의 순종은 아무 능력이 없습니다. 100퍼센트의 순종까지 갈 때 능력이 생깁니다. 끝까지 참고, 끝까지 기도하고, 끝까지 예배하면 하나님께서 반드시 기적을 보여주십니다. 마귀에게 어설프게 덤벼들면 오히려 마귀에게 당합니다. 끝장내겠다는 각오로 마귀와 싸워야 합니다.

제자들이 돌아와 예수님의 이름을 듣고 귀신들이 항복했다고 전했습니다. 물고기를 잡던 그들에게 무슨 말주변이 있었겠습니까. 그들이 전한 복음의 능력이 원수를 이긴 것입니다. 우리에게 능력이 나타나지 않는 이유는 등이 따뜻하고 배가 불러서입니다. 고난이 클수록 하나님의 능력은 커집니다. 이리를 잡기 위해 사자를 보내면서 기도하겠습니까? 당연히 이기는데 뭐하러 기도합니까? 양으로 이리를 이기려고 하니까 기도하는 것입니다. 양은 전능하신 하나님을 의지할 수밖에 없습니다.

우리에게 하나님을 빼면 무엇이 있습니까? 사실 아무것도 없습니다. 그러나 하나님이 있는 자는 당당하지 못할 이유가 하나도 없습니다. 이 세상에서 누리는 것은 잠깐이고 하나님의 나라는 영원합니다. 가난하고 힘이 없다고 세상에 기죽을 필요가 없습니다. 앞으로 세상은 더 강퍅해지고, 믿음의 숨통을 끊어버리기 위해 우리를 공격해올 것입니다. 그러나 그럴수록 믿음의 기적은 더 크게 나타나게 되어 있습니다.

참된 신자에게 계시와 지혜가 임한다

셋째, 참된 신자에게는 미래에 대한 계시와 지혜가 임합니다. 하나님은 아브라함에게 그의 자손이 애굽에서 400년 동안 노예로 살다가 큰 재물을 가지고 나오게 될 것이라고 말씀하셨습니다. 그러나 그 당시 아브라함에게는 후손이 없었습니다. 그런데 그 후손이 노예로 살게 된다니 이해가 되지 않았을 것입니다. 게다가 거기서 빈손으로 나오지 않고 그들의 재물을 많이 가지고 나온다고 하셨고, 결국 그 재물로 광야에서 성막을 지었습니다. 하나님의 역사는 정말 일점일획도 오류가 없습니다. 아브라함은 그 역사를 보지 못했지만 믿음으로 확신했습니다. 그밖에도 모세, 다니엘, 세례 요한, 사도 요한, 바울과 같은 신실한 하나님의 종에게 이 세상을 알 수 있는 하나님의 계시가 임했습니다.

데이빗 윌커슨 목사님도 계시를 받았습니다. 그는 교회를 향한 핍박이 대대적으로 일어날 것이라고 했습니다. 그 당시 미국은 대호황의 시기였는데 금융위기가 일어날 것이라고 했고, 전염병이 창궐하게 될 것이라고도 했습니다. 그리고 아직 실현되지 않았지만 교회 재산에 대한 부당한 압류와 강제 집행이 일어날 것이라고 했습니다. 종교통합운동이 일어날 것과 가톨릭이 그 중추적인 역할을 하며 제3의 종교가 출현한다고도 예측했습니다. 극심한 배교의 상황, 동성애로 교회가 분열될 것과 참된 교회는 핍박을 피해 지하교회가 될 것과 거짓과 타협을 거부한 소수의 다른 형태의 교회가 나타날 것을 말했습니다.

이런 일이 대한민국에서도 얼마든지 일어날 수 있고, 진짜 그 일들이 벌어지기 시작한 곳도 있습니다. 우리도 그런 핍박을 받으면 어떻게 될지 모르겠습니다. 그러나 한 가지 명심할 것은 하나님의 말씀을 지키고 신실한 성도의 삶을 걸어가려면 핍박은 피할 수 없다는 것입니다. 아니 더욱 거세지게 되어 있다는 것입니다. 우리는 이것을 마음에 두어야 합니다. 그럴 때일수록 정신을 차리고 깨어 있어야 합니다. 내 신앙이 참인가, 내 교회가 참인가, 내가 듣는 설교가 참인가 분별해보고 아니면 도망해야 합니다.

각오하십시오! 앞으로 우리에게 다가올 핍박은 견디기 힘들 정도로 강력합니다. 그러나 믿음의 싸움에 임하는 자에게는 반드시 하나님의 기적이 임합니다. 잊지 마십시오. 여러분이 잘못 살아서 어려움이 닥친 것이 아닙니다. 참된 신자의 길을 걸었기 때문에 임한 것입니다. 우리가 기도하면 응답을 받고, 믿으면 구원을 받고, 하나님을 가까이하면 하나님과 가까워집니다. 뜻을 정하면 피할 길이 반드시 열립니다. 우리가 하나님의 은혜로 이 땅에 태어난 이상 인생을 마치는 순간까지 믿음의 경주자가 되어 승리의 면류관을 쓰는 여러분이 되기를 주님의 이름으로 축복합니다.

PART 5

전쟁하라

chapter **12**

전쟁 중에는 잠들지 말라

디모데후서 2:3-10

인류의 역사는 전쟁의 역사입니다. 우리나라에도 정확한 통계를 낼 수 없을 정도로 수많은 전쟁이 있었습니다. 지금도 전 세계 어디선가 크고 작은 전쟁이 일어나고 있을 것입니다. 전쟁은 우리 눈에 보이는 전쟁만 있는 것이 아닙니다. 출퇴근 전쟁, 입시 전쟁, 경제 전쟁까지 우리가 살아가면서 치르는 모든 것이 전쟁입니다.

그런데 우리 눈에 보이지 않는 영적 전쟁이야말로 진짜 전쟁입니다. 왜냐하면 이 땅에서 일어나는 전쟁에서 패배하는 것은 이 땅의 것을 잃어버리는 것으로 끝이 납니다. 우리가 아무리 많이 잃는다 하더라도 그것은 우리의 목숨입니다. 물론 이것도 대단한 일입니다만, 우리가 영적 전쟁에서 패배한다면 그것은 영원한 패배가 되기 때문입니다.

그래서 우리 주님도 이렇게 말씀하셨습니다.

몸은 죽여도 영혼은 능히 죽이지 못하는 자들을 두려워하지 말고 오직

몸과 영혼을 능히 지옥에 멸하실 수 있는 이를 두려워하라 마 10:28

몸은 죽여도 영혼은 죽이지 못하는 자, 이것이 마귀입니다. 그 세상 권세자를 두려워하지 말고, 몸과 영혼을 능히 지옥에 멸하시는 분, 우리 하나님을 두려워하라는 것입니다. 영적 전쟁에서 패배하는 것은 전부를 잃어버리는 것입니다. 우리의 영원한 미래까지 빼앗겨버리는 것입니다.

이 땅에 전쟁하러 오신 예수님

성경 최초의 영적 전쟁은 에덴동산에서 있었던 아담과 뱀의 전쟁이었습니다. 아쉽게도 인류는 이 전쟁에서 패배했습니다. 예수님도 이 땅에 전쟁하러 오셨습니다.

죄를 짓는 자는 마귀에게 속하나니 마귀는 처음부터 범죄함이라 하나님의 아들이 나타나신 것은 마귀의 일을 멸하려 하심이라 요일 3:8

예수님은 마귀와 싸우러 이 땅에 오셨고 승리하셨습니다. 광야에서 승리하셨고 십자가에서 승리하셨습니다. 하나님의 인류 구출 작전이 바로 십자가와 부활 사건입니다. 최후의 전쟁은 곡과 마곡의 전쟁이 될 것이라고 요한계시록에 예언하셨습니다.

너는 그리스도 예수의 좋은 병사로 나와 함께 고난을 받으라 병사로 복무하는 자는 자기 생활에 얽매이는 자가 하나도 없나니 이는 병사로 모집한 자를 기쁘게 하려 함이라 경기하는 자가 법대로 경기하지 아니하면 승리자의 관을 얻지 못할 것이며 수고하는 농부가 곡식을 먼저 받는 것이 마땅하니라 딤후 2:3-6

사도 바울은 믿음의 아들이며 동역자인 디모데에게 성도의 삶을 병사, 경기하는 자, 농부에 빗대어 설명하고 있습니다. 표현은 달라도 전쟁에서 이겨야 한다는 본질은 같습니다. 병사는 적군을 이겨야 하고, 선수는 상대 선수를 이겨야 하고, 농부는 환경을 이겨야만 자신이 얻고자 하는 열매들을 얻을 수 있기 때문입니다. 이 세상 원수 마귀와 영적 전쟁을 하는 우리도 승리해야 면류관을 얻습니다.

하나님의 교회여, 전쟁하라

아인슈타인 박사가 "이 세상에서 꿀벌이 사라지면 인류는 4년 안에 멸망한다"라고 했습니다. 우리가 볼 때 꿀벌은 정말 사소한 존재인 것 같은데 꿀벌이 사라진다고 인류가 멸망한다니 너무 과장된 표현 같기도 합니다. 그런데 간단하게 생각할 일이 아닙니다. 꿀벌은 우리에게 꿀을 주는 것보다 더 중요한 일을 합니다. 종자식물은 수분(受粉)이 이루어져야 열매를 맺을 수 있는데, 꿀벌의 수분 활동을 통해서 농작물의 생산이 이루어져야 인류의 식량이 확보되기 때문입니다.

이 세상에서 꿀벌이 사라지면 전 세계 식량 수확률이 10분의 1로 줄어들고 그러면 물가가 10배로 폭등하여 사람들이 좀처럼 살기 어렵습니다. 게다가 식량이 줄어들면 강대국은 식량을 비축할 것이고, 비축한 식량마저 떨어지면 다른 나라를 침략할 것입니다. 식량과 같이 목숨이 걸린 상황이 되면 전쟁을 불사하게 되는 것입니다. 꿀벌의 실종 때문에 전쟁까지 일어나게 된다는 것입니다.

이처럼 이 땅에는 잘 보이지 않고 별로 중요하게 여기지 않는데 아주 중요한 가치를 가진 것들이 있습니다. 그중 하나가 교회입니다. 이 땅의 교회에 문제가 많다고 하지만 교회가 사라진다면 더 큰 문제가 생깁니다. 이 땅에서 예배가 사라지고 기도가 사라지면 어떻게 되겠습니까? 실제로 1960년대 초 미국에서 케네디 대통령이 집권하고 미국의 모든 국공립학교에서 기도 금지, 성경 읽기를 금지시켰습니다. 그 결과 지금 미국이 어떤 모습입니까? 낙태율, 자살률 상승, 히피족의 등장, 알코올중독과 마약으로 젊은 세대들이 다 무너졌습니다.

우리나라도 전쟁 이후 완전히 가난한 나라에서 지금의 성장을 이루기까지 우리가 잘한 것이 별로 없습니다. 정치를 잘하지도 않았고 자원이 풍부한 것도 아니었습니다. 국민이 정직하게 일해서도 아닙니다. 우리나라의 이해할 수 없는 성장에는 하나님의 은혜가 있었습니다. 하나님의 은혜는 우리가 예배하는 곳, 기도하는 곳, 회개하는 곳에, 하나님을 찾는 현장에 임하는데 그곳이 바로 교회입니다. 그러면 교회에 왜 나오십니까? 교회는 우리가 단순히 흥미 삼아서 은혜받으러 오는 곳이 아닙니다. 그러면 흥미가 없어지고 은혜가 사라지면 다 교회를 떠나게 됩니다. 그러나 교회는 내 생사를 걸 만한 가치가 있는 곳이요, 그 교회에서 생사를 건 영적 전쟁을 치러야 합니다.

전쟁 중에 절대 하면 안 되는 행동 1 분리

전쟁 중에 절대 하면 안 되는 행동이 있습니다. 이것은 교회를 섬기는 지체들이 절대 해서는 안 되는 행동이기도 합니다. 첫째, 분리되는 것입니다. 전쟁할 때 분리되면 끝장납니다. 우리의 적 마귀는 분리를 조장하는 데 명수입니다. 요한계시록 12장에 보면 마귀는 우리 형제들을 밤낮으로 참소하던 자라고 나옵니다.

큰 용이 내쫓기니 옛 뱀 곧 마귀라고도 하고 사탄이라고도 하며 온 천하를 꾀는 자라 그가 땅으로 내쫓기니 그의 사자들도 그와 함께 내쫓기니라 …우리 형제들을 참소하던 자 곧 우리 하나님 앞에서 밤낮 참소하던 자가 쫓겨났고 계 12:9-10

우리가 말로 참소하고 험담한다면 마귀의 손발이 되는 것입니다. 말은 칼보다 힘이 있습니다. 교회는 말만 잘해도 부흥하고 하나님의 은혜가 있습니다. 하나님께 영광 돌리는 말만 해도 마귀가 그 교회를 무서워합니다. 그만큼 말이 얼마나 위력이 있는지 모릅니다. 교회에서 말 한마디로 살아나기도 하고 죽기도 합니다. 듣지 말아야 할 말을 들어서 고꾸라진 인생이 많고, 생명의 말 한마디를 듣고 죽다가 살아난 인생도 얼마나 많은지 모릅니다.

저는 머리를 쓸어올리는 행동을 자주 하는데 머리카락이 몇 가닥만 내려와도 더 지저분해 보이기 때문입니다. 하지만 저는 제 머리에 대해서 어떤 열등감도 없고 사실 별생각이 없었습니다. 그런데 어느 날 한 권사님이 "목사님, 머리도 없는데 왜 자꾸 머리를 넘기십니까?" 라고 했습니다. 그 후로 제가 머리를 만질 때마다 그 말이 계속 생각이 납니다. 그 말을 들을 때 저는 상처받지 않았고 전혀 불쾌하지 않았습니다. 친밀하니까 나온 말이고, 그 권사님도 무례한 분이 아니고, 그냥 아무것도 아닌 말인데 그래도 생각이 납니다. 그래서 말의 위력이 대단하다고 놀랐습니다.

그런데 우리가 몇 주 전에 벤 상처는 한번 아물면 그 상처에 대해 아무 생각이 나지 않습니다. 언제 베였는지 어쩌다가 베였는지 일부러 떠올려보지 않는 이상 생각이 나지 않습니다. 그만큼 육체의 상처보다 말로 입히는 영의 상처가 얼마나 큰지 모릅니다. 우리는 말을 아름답게 해야 합니다. 각별히 말을 조심해서 교회에서 말로 분란을 일으켜서는 안 됩니다. 자중지란이 일어날 수 있습니다.

무릇 더러운 말은 너희 입 밖에도 내지 말고 오직 덕을 세우는 데 소용되는 대로 선한 말을 하여 듣는 자들에게 은혜를 끼치게 하라 엡 4:29

아무리 강한 군대도 분리되면 힘을 쓰지 못합니다. 아무리 큰 교회라고 해도 분리된 교회는 쑥대밭이 되어 아무 힘도 쓰지 못합니다. 작아도 단단한 교회, 진흙같이 하나 되어 한 목표를 향해 달려갈 수 있는 교회가 진짜 강한 교회임을 명심하시기 바랍니다.

전쟁 중에 절대 하면 안 되는 행동 2 훈련에 게으름

둘째, 훈련을 게을리하는 것입니다. 우리나라는 아직 휴전 상태입니다. 그래서 지금 당장 전쟁이 다시 일어나도 이상하지 않은 나라인데, 평화의 시기가 너무 오래 지속되니까 이 평화가 영원할 거라고 착각합니다. 그래서 게을러졌습니다. 우리는 항상 싸울 준비가 되어 있어야 합니다. 군인이 자다가도 벌떡 일어나 총을 들고 싸울 수 있는 태세가 되는 것은 다 훈련에서 나오는 것입니다.

우리도 마찬가지입니다. 지금은 영적 전쟁 중입니다. 삶이 평화롭다고 훈련도 하지 않고 가만히 있으면 안 됩니다. 병원에 심방을 가도 영적으로 나태하고 게으르면 내가 심방해야 하는 사람만 만나서 기도해주고 돌아옵니다. 그런데 훈련되고 영적으로 무장이 되어 있으면 심방을 하고 주변 병실을 돌아봅니다. 혹시 믿지 않는 영혼이 없는지 보고 전도까지 합니다. 동창회를 가도 훈련된 사람은 기도하고 가서 믿지 않는 친구들을 전도하고 오게 됩니다. 훈련이 이렇게 중요합니다.

마가복음 9장에 귀신 들린 아들을 둔 아버지가 아들을 데려왔는데 제자들이 귀신을 쫓아내지 못했습니다. 예수님이 변화산에 올라가셨으니까 내려오실 때까지 조금 기다리면 되는데 제자들은 왜 귀신을 쫓아내려고 나섰다가 망신을 당한 것일까요? 예전에 분명히 예수님의 이름으로 귀신을 쫓아내고 승리한 경험이 있었기 때문입니다. 그런데 지금은 쫓아내지 못한 것입니다. 마치 총을 쐈는데 총알이 나가지 않고, 칼을 뽑아서 휘둘렀는데 칼이 녹슬어서 베이지 않는 것과 똑같은 것입니다. 이유가 뭔지 정확히 모르지만 분명한 한가지는 제자들의 기도가 약해져 있었다는 것입니다. 그것이 예수님의 진단이었습니다.

이르시되 기도 외에 다른 것으로는 이런 종류가 나갈 수 없느니라 하시니라 막 9:29

이 땅의 교회는 두 종류밖에 없습니다. 기도하는 교회와 기도하지 않는 교회입니다. 기도하면 됩니다. 길이 막혔다면 기도해야 합니다. 문제가 해결되려면 결국 하나님이 개입하셔야 하는데, 그러려면 기도해야 합니다. 기도를 쉬지 않는 교회에는 음부의 권세가 이기지 못하는 강력이 있습니다. 썰렁한 교회를 만들지 말고 교회의 공간을 기도의 소리로 채워야 합니다. 이것이 훈련이고 무장입니다.

전쟁 중에 절대 하면 안 되는 행동 3 잠들기

셋째, 잠드는 것입니다. 전쟁 중에는 절대 잠들면 안 됩니다. 영하 50도 날씨에 조난을 당했는데 눈꺼풀이 내려앉아 잠이 들면 곧바로 얼어죽습니다. 일주일째 잠을 못 자면 옆에서 동지가 픽픽 쓰러지고 총탄이 빗발치는 전쟁터라고 해도 눈이 감겨서 방아쇠를 당길 수 없습니다. 그러면 그대로 죽는 것입니다. 조는 것은 이렇게 무서운 것입니다. 그래서 주님은 우리에게 끊임없이 깨어 있으라고 말씀하셨습니다.

여기서 잠들지 말라는 것은 분별하라는 것입니다. 영적으로 깨어서 적과 아군을 분별하라는 뜻입니다. 교회 안에는 문제가 끊임없이 일어납니다. 그런데 결국 그 문제의 종착지는 담임목사가 됩니다. 어떤 일이 있어도 우리가 담임목사와 관계가 나쁘지 않으면 그 교회를 떠나지 않습니다. 그런데 담임목사와 사이가 좋지 않으면 아주 사소한 문제로도 교회를 떠나게 됩니다. 섭섭하다고 교회를 떠나고, 목사님이 자기 편을 들어주지 않는다고 교회를 떠납니다. 그럴 때 깨어서 분별할 수 있어야 합니다. 나의 행동이 마귀에게 유익한지, 하나님나라에 유익한지 분별할 수 있어야 합니다. 내가 하는 사소한 행동 하나가 가져올 수 있는 파장이 무엇인지 생각해야 합니다. 이것이 깨어 있는 것입니다. 절대 잠들면 안 됩니다. 둔하면 안 됩니다.

그리고 제발 성질대로 하지 마십시오. 기분 내키는 대로 하지 마세요. 우리가 힘들어도 하면서 기분 나쁘면 안하는데 이것은 자아가 죽지 않은 결정적인 증거입니다. 우리끼리 싸우는 어리석은 공동체가 되어서는 안 됩니다. 예수님의 이름으로 서로 격려하고 서로 존중하십시오. 잠들지 않고 깨어서 영적으로 분별하여 그 뒤에 있는 실체를 보시기 바랍니다. 사람이 아니라 마귀에게 총구를 올바로 겨누어야 합니다. 어느 집사님이 휴대폰에 남편을 '우리 웬수'라고 저장해두었다고 합니다. 그러나 그것은 말이 안 되는 것입니다. 자기 상사가 적인 줄 알고, 자기 남편이 적인 줄 알고, 자신의 교회 목사가 적인 줄 아는 것은 적수를 잘못 둔 것입니다. 기도하는 사람은 그렇게 해서는 안 됩니다.

전쟁 중에는 무기를 내려놓지 않는다

우리가 전쟁 중에 힘써야 할 것이 있습니다. 첫째, 무기를 손에서 내려놓지 않는 것입니다. 전쟁 중에 병사는 밥을 먹을 때도, 화장실에 갈 때도, 기분이 나쁠 때도, 애인과 헤어져도 절대 손에서 무기를 놓지 않습니다. 언제든지 싸우러 갈 준비가 되어 있어야 하기 때문입니다.

공격 무기 1 말씀

그렇다면 우리의 무기는 무엇입니까? 하나님의 전신갑주를 취하십시오.

그런즉 서서 진리로 너희 허리띠를 띠고 의의 호심경을 붙이고 평안의 복음이 준비한 것으로 신을 신고 모든 것 위에 믿음의 방패를 가지고 이로써 능히 악한 자의 모든 불화살을 소멸하고 구원의 투구와 성령의 검 곧 하나님의 말씀을 가지라 엡 6:14-17

이중에서 공격 무기는 성령의 검, 곧 하나님의 말씀입니다. 그리고 성령 안에서 무시로 기도하는 것입니다. 아담은 말씀을 잃어버렸습니다. 하나님의 말씀을 너무 쉽게 생각했습니다. 반면에 예수님은 말씀 그 자체이신데 그럼에도 불구하고 예수님은 말씀으로 마귀를 물리치셨습니다. 이것이 굉장히 중요한 의미가 있습니다.

예수께서 대답하시되 기록된 바 사람이 떡으로만 살 것이 아니라 하였느니라 … 기록된 바 주 너의 하나님께 경배하고 다만 그를 섬기라 하였

느니라 … 예수께서 대답하여 이르시되 주 너의 하나님을 시험하지 말
라 하였느니라 눅 4:4,8,12

예수님은 자신이 하나님이시고, 열두 군단 더 되는 천사를 불러서
마귀를 멸할 권세와 능력도 있으십니다. 그런데도 그 권한을 쓰지
않으시고 하나님의 말씀의 능력으로 마귀를 대적하셨습니다. 우리
에게 말씀이 갖는 힘을 보여주신 것입니다. 그렇다면 예수님이 말씀
의 능력으로 마귀를 대적한 것처럼 우리도 말씀으로 승리할 수 있다
는 것입니다.

말씀은 정말 우리의 인생을 바꿉니다. 우리 교회에도 말씀으로 인
생이 바뀐 분이 있습니다. 그 분은 20대까지 교회를 다니다가 교회
를 떠났습니다. 결혼해서 아이를 낳고 고생할 때 누군가의 전도를
받고 교회를 다시 나오게 되었습니다. 교회에 정착해서 열심히 신앙
생활을 하던 중에 그 분이 인생을 송두리째 바꾸는 말씀을 듣게 됩
니다. "분을 내어도 죄를 짓지 말며 해가 지도록 분을 품지 말고"(엡
4:26)라는 말씀이었습니다.

그 분은 남편에 대한 분노가 가득했습니다. 젊은 청춘을 낭비하
게 된 이유가 남편에게 있다고 생각했기 때문입니다. 그래서 남편을
향한 화를 항상 가득 품고 살았습니다. 분을 품을 수는 있지만 해
가 지도록 품지 말고 털어버리라는 말씀을 몰랐기 때문입니다. 모두
들 그렇게 사는 줄 알았고, 또 그렇게 살아야만 하는 줄 알았다는

것입니다. 그래서 이후로 분을 내려놓았습니다. 남편을 놓아주고 남편을 긍휼한 마음으로 바라보기 시작했고 그 분의 가정이 회복되었습니다. 하나님의 말씀이 임하자 그는 그의 인생을 옭아매던 저주와 고통과 낙심과 어둠의 굴레에서 벗어나게 되었습니다.

공격 무기 2 기도

한번은 미국에서 집회를 한 적이 있는데, 미국에서 저를 초청한 목사님은 한국에서 목회를 열심히 하던 분이자 담임목사 후계자로 내정된 분이었습니다. 그런데 기도를 할 때마다 하나님께서 "미국에 가라"는 음성을 들려주셨습니다. 구체적으로 미국 어디를 가서 무슨 일을 하라고 하지도 않으시고 새벽에 기도할 때마다 계속해서 "미국에 가라"고 하시니까 견딜 수가 없어서 담임목사님에게 말했더니 후계자니까 당연히 안 된다고 했습니다. 그렇게 4년이 지났는데도 하나님의 음성이 멈추지 않자 이번에는 담임목사님에게 간곡히 부탁했습니다. 결국 담임목사님이 교회를 건축하면 가도 좋다고 하였는데 사실 건축 계획이 전혀 없었기 때문에 안 된다는 말이나 다름이 없었습니다.

그런데 생각지도 못하게 6개월 만에 교회를 건축하게 되었습니다. 담임목사님도 강력한 하나님의 뜻을 깨닫고 그가 미국에 가는 것을 허락해주었습니다. 그는 미국 덴버로 가서 2주 만에 어느 교회의 담임목사가 되었습니다. 그 교회는 교인이 10명도 되지 않는 작은 교회였습니다. 다 죽어가던 교회를 사모님과 함께 하루도 쉬지 않고 무릎으로 기도하며 지켰습니다. 주일예배 한 번 있던 교회였는데, 매일 저녁기도회, 새벽기도회, 수요예배, 구역예배, 철야예배를 드렸습니다. 2년이 넘도록 사모님과 단둘이 저녁기도회를 했지만 포기하지 않았고 결국 교회가 살아나기 시작했습니다.

그런데 문제가 생겼습니다. 어느 날 목사님의 아들이 총에 맞아 죽는 일이 벌어진 것입니다. 친구를 전도하여 주일에 함께 교회에 가려고 들렀던 동네에서 갑작스럽게 사고를 당한 것입니다. 목사님은 충격이 가시지 않았지만 다음날이 주일이니까 예배를 인도하러 갔습니다. 사모님과 자녀들이 보이지 않자 교인들이 이상하게 생각했지만 목사님은 예배 집례를 무사히 마쳤고 그다음에 이 사실을 교인들에게 알렸습니다. 그러자 깜짝 놀란 교인들은 좋은 목사님을 잃게 되었다고 말했습니다. 충격을 받은 목사님이 미국을 떠날 것이라고 생각했기 때문입니다. 하지만 목사님은 떠나지 않고 믿음으로 견뎠습니다.

목사님이 저에게 이렇게 말했습니다. "목사님, 제가 무엇이 무섭겠습니까. 자식을 가슴에 묻었는데 제가 무엇을 두려워하겠습니까." 목사님은 아들을 죽인 아이도 용서했습니다. 아들이 죽어도 예배를 멈추지 않았습니다. 전쟁 중에는 무기를 내려놓지 않는 것입니다. 주님의 진정한 군사는 바로 이 목사님 같은 분입니다.

오늘날 그리스도인들이 얼마나 약한지 아십니까? 겉으로는 다 강해 보입니다. 그런데 마귀는 우리를 쳤을 때 우리가 어디서 넘어지는지를 잘 압니다. 우리는 그 부분을 강하게 연단시켜야 합니다. 그럴 때 진정한 주님의 군사가 되는 것입니다. 병사로 복무하는 자는 자기 생활에 얽매이지 않는다고 했는데, 우리는 감정 하나 다스리지 못합니다. 기분이 나쁘다고 사명을 버린 사람이 한둘이 아닙니다.

말로만 죽었다고 하지 마십시오. 운다고 해서 죽은 사람이 아니고, 찬양할 때 손을 든다고 죽은 사람이 아닙니다. 구체적인 실행이 있는 사람이 정말 죽은 것입니다. 기분이 나빠도 자신의 기분을 정복하고 자기 자존심을 뛰어넘을 때 기적이 일어납니다. 연단이 시작되면 기도로 버텨야 합니다. 그 시기를 기도로 버텨내면 하나님의 역사가 시작됩니다. 그런 사람은 거칠 것이 없습니다. 마귀가 손쓸 틈이 없습니다. 연단이 끝났는데 주님이 무엇을 마다하시겠습니까? 하나님의 훈련이 끝났기 때문에 하나님께서 그 사람을 반드시 쓰십니다.

기도는 하나님의 보급선입니다. 아무리 강한 군대도 후방의 지원이 없고, 보급로가 막히면 더 이상 전쟁을 할 수 없습니다. 말 잘하고 기도 안하면 그 말 때문에 넘어지고, 일 잘해도 기도의 뒷받침이 없으면 오히려 일 잘하는 것이 주변을 해치는 흉기가 될 수 있습니다. 그러나 우리가 기도하면 하나님의 마음과 뜻을 알게 되고, 하나님의 능력이 임합니다. 우리가 기도하면 귀로 듣던 복음이 실제가 됩니다. 기도하는 사람은 망해도 일어서고, 기도하는 사람은 어리석어도 세상을 정복하게 됩니다. 기도하는 사람은 하나님 앞에서 다시 기회를 얻게 됩니다. 전쟁 중에는 손에서 무기를 놓으면 안 됩니다. 기도의 무기를 내려놓아서는 안 됩니다.

전쟁 중에 더욱 사랑하라

둘째, 전쟁 중에 더욱 사랑해야 합니다. 전쟁은 결코 혼자 할 수 없습니다. 외톨이로 혼자서 신앙생활 하는 사람이 이단에 빠지기가 쉽습니다. 얼룩말이 무리지어 있으면 사자도 건드리지 못하는데 무리에서 이탈하면 바로 잡아먹힙니다. 그러므로 우리가 서로 연합하고 서로 사랑해야 합니다.

우리 교회에 귀신 들린 분이 있었습니다. 그 분은 남편과 정말 많이 싸웠습니다. 어느 정도로 싸웠냐 하면 소방대원과 경찰이 와서 말릴 정도였습니다. 남편과 싸울 때 힘에서 밀리지 않기 위해 살을 엄청 찌웠습니다. 그 분은 예배 때 저를 보고 계속 울었습니다. 감동의 눈물이 아니고 속에서 욕이 나오는 것을 참기 위해서 안간힘을 쓰다보니까 눈물이 난다고 했습니다. 집에 가면 남편에게 침을 뱉고 때리고 싸우는 것이 일상이었습니다.

그러다가 남편이 거듭났습니다. 그 후에 남편이 같이 싸우지 않고 다 품어주었습니다. 아내가 때려도 가만히 맞아주고 다 용서하고 기도했습니다. 그렇게 한두 달쯤 지나니까 "목사님, 아내에게 있던 귀신이 나간 것 같아요" 이런 문자가 저에게 왔습니다. 남편이 사랑으로 영적 전쟁에서 승리한 것입니다. 급기야 하나님께 아내에게 있는 저 악한 영이 자신에게 오게 해달라고 기도했다는 것입니다. 그러자 악한 영이 그를 비웃고 조롱했습니다. 그러나 그가 진짜 아내를 사랑하는 마음으로 기도하니까 그 순간 아내에게 있던 귀신이 떠나간 것입니다. 사랑하면 귀신도 항복합니다. 사랑은 능력입니다.

너희가 서로 사랑하면 이로써 모든 사람이 너희가 내 제자인 줄 알리라
요 13:35

우리가 제자훈련을 많이 하는 것보다, 성도가 많이 모이는 것보다, 열심히 전도하는 것보다, 선교사를 많이 파송하는 것보다 서로 사랑하는 것이 중요합니다. 어쩌면 이 사랑이 영적 전쟁의 마지막 단계인지도 모릅니다. 서로 함께 사랑으로 나아가야 영적 전쟁에서 승리할 수 있습니다. 치열한 영적 전쟁 가운데 반드시 승리하시기 바랍니다.

chapter **13**

사탄이 꿈꾸는 세상 박살내기

디모데후서 3:1-5

1963년 8월 28일 25만 명이 운집한 가운데 미국에서 가장 위대한 연설이 울려 퍼졌습니다. "나에게는 꿈이 있습니다. 백인 소년과 흑인 소녀가 손에 손을 붙잡고 몽고메리 시가지를 걸어가는 것입니다. 나는 언젠가는 피 묻은 조지아 주 언덕 위에서 옛적 노예의 아들들과 옛적 노예 소유주의 아들들이 형제애에 넘치는 밥상에 함께 앉아 있으리라는 꿈을 가지고 있습니다." 그는 바로 마틴 루터 킹 목사입니다. 상상할 수 없던 꿈을 꾼 그는 그 꿈이 이루어지는 것을 보지 못하고 1968년에 피살되었습니다. 그런데 그가 이 연설을 한 지 45년 만에 미국 최초의 흑인 대통령이 탄생했습니다. 그의 꿈은 헛되지 않았습니다.

김구 선생님의 대한독립이라는 꿈 역시 이루어졌습니다. "네 소원이 무엇이냐고 하나님이 물으시면 나는 서슴지 않고 내 소원은 대한독립이요, 그다음에 네 소원이 무엇이냐고 물으시면 우리나라의 독립이요, 세 번째 물으셔도 나의 소원은 우리나라의 완전한 자주독립이요 이렇게 대답할 것입니다." 그의 꿈도 이루어졌습니다.

주님의 꿈 vs 사탄의 꿈

우리 주님에게도 꿈이 있었습니다. 모든 사람이 구원을 받는 것입니다. 그리고 모든 사람이 진리를 아는 것입니다.

> 하나님은 모든 사람이 구원을 받으며 진리를 아는 데에 이르기를 원하시느니라 딤전 2:4

모든 사람이 진리에 눈떠서 진리대로 살아가게 하는 것이 우리 주님의 꿈입니다. 모든 사람이 구원을 받고 진리를 아는 데 이르기를 원하는 것이 우리 하나님의 꿈이라면 우리도 그분과 동일한 꿈을 꾸어야 합니다. 그것이 믿음입니다.

그러면 사탄에게는 꿈이 없을까요? 있습니다. 목적이 없는 존재는 하나도 없습니다. 모든 생명체의 꿈은 바로 번식입니다. 동물도 식물도 번식하기 위해 최선을 다합니다. 바이러스도 꿈이 있습니다. 인간에게 기생해서 영원히 사는 것이 바이러스의 꿈이자 목표입니다. 이렇게 아무것도 아닌 것처럼 보이는 존재도 꿈이 있고 계획이 있는데, 공중의 권세 잡은 자에게 왜 계획이 없겠습니까. 하나님도 꿈과 계획이 있으시고, 우리에게도 꿈과 계획이 있는 것처럼 사탄에게도 꿈이 있고 전략이 있습니다. 사도 바울은 이렇게 말합니다.

> 너는 이것을 알라 말세에 고통하는 때가 이르러 사람들이 자기를 사랑하며 돈을 사랑하며 자랑하며 교만하며 비방하며 부모를 거역하며 감사하지 아니하며 거룩하지 아니하며 무정하며 원통함을 풀지 아니하며 모함하며 절제하지 못하며 사나우며 선한 것을 좋아하지 아니하며 배신하며 조급하며 자만하며 쾌락을 사랑하기를 하나님 사랑하는 것보다 더하며 경건의 모양은 있으나 경건의 능력은 부인하니 이같은 자들에게서 네가 돌아서라 딤후 3:1-5

물론 사도 바울 당시에도 이런 시대의 조짐이 있었습니다. 그러나 지금과는 수준이 달랐습니다. 바울의 입장에서 보면 2천 년이 흐른 지금이 말세이고, 이 말씀이 말세에 사람들이 직면하게 될 세상에 대한 예언이겠지만, 반대로 이것은 주님의 심판이 이르기 전에 사탄이 이루어놓은 세상의 모습이 됩니다. 이 말씀이 지금의 시대를 정확히 설명하고 있습니다.

1988년도 우리가 살던 우리 이웃의 모습을 잘 보여준 '응답하라 1988'이라는 드라마를 보다가 인상 깊은 장면이 있었습니다. 저녁 식탁을 올릴 음식을 많이 준비해서 이웃집에 보내면 빈 접시로 안 보내고 다시 그 집 음식을 담아줍니다. 서로서로 왕래하는 심부름을 하다가 아이들이 길에서 다 같이 만나는데 그중에 한 주인공이 "이럴 거면 다 같이 모여서 먹어" 이런 대사를 할 정도로 정말 한 가족처럼 지냈습니다. 그것이 보통 사람들이 사는 모습이었는데, 그 장면을 보면서 저는 다시는 우리에게 이런 세상이 오지 않을 것 같아서 마음이 찡했습니다.

그렇다면 2천 년 전에야 얼마나 가난하고 힘들고 척박했겠습니까. 그러나 분명히 사람 냄새가 나는 세상이었을 것입니다. 지금은 이웃집에 누가 사는지 서로 이름도 모르고 관심도 없습니다. 자기를 사랑하고 돈을 사랑하고 자랑하고 교만하고 다 자기밖에 모르는 세상이 되었습니다. 물론 30년 전에도 부모를 거역하고 학교에서 선생님에게 대들기도 했지만 그때와 지금은 수준이 다릅니다. 너무 심각합니다. 문제는 우리가 이런 변화를 너무 자연스럽게 받아들이고 있다는 것입니다. 정말 무서운 현상입니다.

우리나라 30대 이하에게 동성애에 대한 설문조사를 했는데 50퍼센트가 "괜찮다", "별로 신경쓰지 않는다", "나쁘다고 생각하지 않는다"고 했습니다. 그러니까 동성애를 하든 안하든 간섭하지 않는다는 것입니다. 동성끼리 연애하는 사람들이 나오는 유튜브에는 댓글 대부분이 격려와 응원입니다. 더 충격적인 것은 젊은이들 중에 10퍼센트는 일부다처제도 괜찮다고 했다는 것입니다. 성적으로 완전히 타락했습니다.

세상이 더 악해지고 더러워지고 이기적으로 변하고 있는데도 아무런 문제의식을 느끼지 못하는 현실이 너무 안타깝습니다. 정신을 바짝 차려야 합니다. 그런 세상은 자연스런 것이 아닙니다. 마귀가 뒤에서 조종하기 때문에 벌어지는 일들입니다. '코로나 시대니까 아프면 교회에 가지 말아야 한다', '수요예배는 주일예배와 다르니까 수요예배에는 참석하지 않아도 된다', '사춘기 아이들은 짜증내고 마음대로 해도 괜찮다', '고3은 주일에 당연히 학원에 가야 한다' 이런 생각이 모두 우리가 사탄에게 속고 있는 것입니다.

사탄이 꿈꾸는 세상 1 고통스럽게

우리가 사탄이 꿈꾸는 세상이 무엇인지 정확히 알아야 속아 넘어가지 않습니다. 사탄이 꿈꾸는 세상은 모든 인류가 고통 속에서 허우적거리고 살아가는 것입니다.

너는 이것을 알라 말세에 고통하는 때가 이르러 딤후 3:1

그렇다면 그 고통의 원인은 무엇입니까? 질병도 아니고 가난도 아닙니다. 그것은 겉으로 보이는 이유에 불과합니다. 세상이 고통을 받는 원인은 바로 죄 때문입니다. 죽음의 권세는 이 땅에서 가장 강력한 권세입니다. 죄의 삯이 바로 사망입니다. 사람은 그냥 죽는 것이 아닙니다. 죄 때문에 사망이 왔습니다. 사망 앞에서 모든 인류는 불행하고 염려하고 두려워하고 좌절합니다.

죄가 가져오는 고통은 우리가 감히 상상할 수 없습니다. 예전에는 삶이 풍족해지고 많이 배우면 모든 문제가 해결된다고 생각했는데 욕심이라는 죄 때문에 더 고통스럽습니다. 만족을 모르기 때문에 결코 행복해질 수 없는 것입니다. 사람이 잠을 이루지 못할 만큼 근심하고 고통스러운 원인에는 반드시 죄가 도사리고 있습니다. 더 가져도, 더 높아져도, 더 편안해도 말세에 고통이 더해집니다. 전쟁, 기근, 질병으로 온 세상이 고통받고 있습니다. 결국 세상을 고통스럽게 만들겠다는 사탄의 꿈이 벌써 이루어지고 있는 현실입니다.

사탄이 꿈꾸는 세상 2 음란하게

사탄이 꿈꾸는 또 다른 세상은 음란한 세상입니다. 누가 시키지도 않았는데 세상은 점점 음란해지고 있습니다. 어떤 사람, 어떤 나라가 음란하면 반대로 그렇지 않은 사람, 그렇지 않은 나라도 있어야 하는데 모두가 하나같이 음란한 세상을 지향하고 있습니다. 누군가 음란한 문화를 전파하면 반대하는 문화도 나와야 하는데 그렇지가 않습니다. 음란한 영화, 음란한 만화, 음란한 드라마가 나옵니다. 하나같이 사탄이 뒤에서 꼭두각시처럼 조종하고 있기 때문입니다.

사탄이 휘젓고 다니는 대로 따라다니면서 이 세상에서 음란한 짓을 하는 음란한 사람들, 연예인들을 보고 박수치고 그들을 부러워합니다. 유수의 영화제에서 상을 받는 작품들을 보면 동성애적 영화가 얼마나 많은지 모릅니다. 7,80년 전 서부영화의 배경에는 주로 교회가 등장했는데, 요즘 영화나 드라마에서는 간음하는 목사, 이중적인 목사, 거짓된 성도들의 모습을 등장시키면서 기독교를 모욕하고 있습니다. 세상은 이상하리만큼 음란하고 이상하리만큼 기독교를 몰아세우고 있습니다.

전 세계는 이른바 성혁명을 외치며 성을 오염시키고 있습니다. 성혁명이란 성은 자신이 주도적으로 사용해야 한다는 것입니다. 꼭 이성끼리 사랑할 필요가 없고, 성관계를 가졌다고 결혼할 필요가 없고, 부부끼리만 성관계를 가질 필요가 없다고 그 틀을 깨라는 것입니다.

성을 도구화하는 동성애 독재국가들까지 속속 등장하고 있습니다. 소돔과 고모라 시대에도 동성애가 있었고 조선시대에도 동성애가 있었습니다. 아마 그 전부터 있었을 것입니다. 우리가 잘 몰라서 그렇지 동성애는 없었던 것이 아닙니다. 은밀하게 그 죄를 짓고 다녔습니다. 물론 그들이 죄 가운데서 회개하고 돌이키면 좋습니다. 그런데 우리는 우리대로 우리 자신을 지키고, 우리 미래를 지키고, 우리 후손들을 지키기 위해 그것이 잘못됐다고 말할 수 있는 자유가 있습니다. 그런데 동성애가 죄라고 설교하면 고발당하고 감옥에 가고, 동성애를 욕하면 벌금을 물리고 재판에 끌려다니는 세상이 된다면 그것이 동성애 독재라는 것입니다.

우리는 성경에 있는 진리의 말씀을 마음껏 외칠 수 있어야 합니다. 그것이 자유이고 상식입니다. 그런데 성을 무기로 진리의 입을 봉해 버리려고 하는 것입니다. 그러면 우리 중에 순진한 누군가는 동성애를 빼고 십자가만 증거하면 되지 않냐고 하는데 죄를 죄라고 말하지 못하고 원수를 원수라고 말하지 못하는데 사탄과의 싸움에서 어떻게 이길 수 있겠습니까? 암센터에서는 하루종일 암만 생각합니다. 암을 연구하지 않으면 암을 이길 수 없기 때문입니다. 마찬가지로 죄를 알지 못하고 세상을 알지 못하는데 우리가 어떻게 죄와 세상을 이길 수 있겠습니까? 귀신의 존재를 부정하는 목사가 어떻게 귀신을 이기고, 성령을 부정하는데 어떻게 성령을 받겠습니까? 우리가 죄를 대적하지 않으면 죄를 이길 수 없습니다.

사탄의 노림수

교회는 하나님의 입이 되어야 하는데 지금 교회는 그 역할을 못하게 될 지경에 놓여 있습니다. 다른 나라들은 이미 하나둘 무너지기 시작했습니다. 우리에게 토마스 선교사님을 보낸 영국이 1957년에 이미 동성애를 합법화했습니다. 미국, 영국, 프랑스를 비롯해서 포괄적차별금지법이 통과된 나라가 28개국에 이릅니다. 사탄의 치밀한 계획이 차근차근 진행되고 있는데도 지금 우리가 너무 평안하게 있습니다. 대부분 자신과 상관없는 이야기니까 관심을 갖지 않습니다. 내가 동성애자가 아니고, 내 주변에 그런 사람이 없으니까, 내가 먹고살기 바쁘니까 관심을 갖지 않는 것입니다. 이것이 바로 사탄의 노림수입니다.

사탄의 노림수가 얼마나 무서운지 아십니까? 처음부터 동성애 가정을 합법화하자고 한 것이 아닙니다. 영국이 처음에는 성인의 동성애를 합법화했습니다. 10년 후에는 나이 제한을 지워버렸습니다. 그다음 집단 성행위를 합법화하고, 2006년에 차별금지법을 제정하고, 결국 동성애 등을 비판하면 증오, 혐오 범죄자로 처벌되는 법을 통과시켰습니다. 그 강도가 점점 세졌습니다. 이제 영국은 교회 다니는 사람을 욕해도 되고, 전도하는 사람을 욕해도 되는데 동성애 하는 사람을 욕하면 안 되는 그런 나라가 되었습니다. 급기야 2013년 동성애 결혼 합법화까지 약 50년에 걸쳐서 정말 하나하나 야금야금 바꿔나갔다는 것을 아시겠습니까? 이 사탄의 노림수가 보이지 않습니까?

성을 무기로 전 세계를 무너뜨리려고 하는 사탄의 계략이 보이는 눈이 열려야 합니다. 동성애 결혼이 합법화되고 그런 비정상적인 가정과 사탄의 문화 속에서 자라난 아이들이 과연 어떤 사람이 되겠습니까? 만약 그런 사람이 세상을 움직이는 권력자가 된다면 이 세상이 과연 어떻게 되겠습니까? 사탄이 꿈꾸는 세상이 얼마나 끔찍한지 모르겠습니다. 나는 이제 곧 죽을 나이니까 가만히 손 놓고 계시겠습니까? 나와는 상관이 없는 이야기니까 가만히 계시겠습니까? 그렇다면 이기적인 사람입니다. 우리 아이들이 살아가야 하는 세상, 우리 아이들이 살아가게 되는 나라가 어떤 나라가 될지 생각하고 지금 울며 씨를 뿌려야 하지 않겠습니까?

예수께서 돌이켜 그들을 향하여 이르시되 예루살렘의 딸들아 나를 위하여 울지 말고 너희와 너희 자녀를 위하여 울라 눅 23:28

우리가 눈물로 씨를 뿌려야 다음세대가 웃는 세상이 될 수 있습니다. 지금은 가만히 있을 때가 아니라 우리가 다음세대를 위해 통곡해야 할 때입니다.

만약 사탄의 노림수를 알아차리지 못하고 가만히 있으면 영국처럼 망가집니다. 영국의 안드레아 윌리엄스 변호사는 각 교회를 다니면서 목사님들에게 차별금지법의 위험을 알렸습니다. 이 법이 통과되면 교회가 망한다고 목사님들이 일어나서 반대해야 한다고 영국 교회를 깨웠습니다. 그러나 영국의 목회자들은 방관했고 결국 영국은 미래학자가 예측하기를 전 세계에서 기독교가 가장 먼저 사라질 나라가 될 거라는 참담한 결과를 맞이했습니다.

현재 영국에서는 노방전도하는 전도자를 신고하면 잡혀가게 되었습니다. 전도가 대단한 범죄 행위라도 되는 것처럼 무릎을 꿇리고 총으로 위협하면서 체포하는 영상을 제가 직접 보기도 했습니다. 윌리엄스 변호사는 지금까지 노방전도 목회자와 전도자 200명을 변호해주었다고 합니다. 변호해준 숫자만 200명이라면 얼마나 많은 사람이 이 문제로 핍박받고 억압을 받았을지 모르겠습니다. 윌리엄스 변호사는 차별금지법으로 인해 발생하는 영국과 유럽 교회가 직면한 신앙의 자유 문제를 호소하며 교회가 목소리를 내지 않는다면 영국 교회처럼 될 것이라고 경고합니다.

세상을 이기는 무기, 거룩

어느 날 제가 잠들 수 없어서 수없이 생각을 해봤습니다. '동성애는 정신병일까? 타고난 것일까? 동성애자 입장에서 그들을 받아주어야 할까? 교회가 그들을 따듯하게 맞이해야 할까?' 아무리 생각해봐도 답이 나오지 않는데 한 가지 분명한 것은 이것이 정상은 아니라는 것입니다.

옛날에 많이 배우지 못하고 지금처럼 지식이 팽창하지 않았는데도 지금보다 합리적이고 상식적인 세상이었습니다. 사람들이 더 많이 배우고 문화가 발전하고 과학이 발전하고 지식이 팽창하면 세상이 더 좋아져야 하는데, 세상에 이바지하기 위해 다들 열심히 공부했는데 왜 이토록 이해할 수 없는 일들이 일어나고 있습니까? 배후가 있기 때문입니다. 참소하는 자, 분열시키는 자, 하나님과 인간 사이를 갈라서 인간의 영혼을 지옥으로 끌고 가려고 하는 그 자, 사탄이 바로 그 배후입니다. 우리가 사탄을 대적하지 않으면 이 세상에 누구도 사탄을 대적할 자가 없습니다.

> 무릇 하나님께로부터 난 자마다 세상을 이기느니라 세상을 이기는 승리
> 는 이것이니 우리의 믿음이니라 요일 5:4

세상을 이기려면 세상에 없는 것을 가져야 합니다. 돈과 지식은 세상에 있는 것입니다. 그렇다면 그것으로는 세상을 이길 수 없습니다. 우리는 세상에 없는 믿음, 말씀, 성령을 가져야 합니다. 이것으로 무장할 때 세상을 이길 수 있습니다. 다윗이 칼과 창을 가지고 나갔다면 절대 골리앗을 이기지 못했을 것입니다. 골리앗에게 없는 믿음의 물맷돌을 가지고 나갔기 때문에 골리앗을 이긴 것입니다. 즉 음란하고 패역한 세상을 이기는 무기는 '거룩'입니다. 문제는 세상과 함께 교회도 타락하고 있다는 것입니다.

> 경건의 모양은 있으나 경건의 능력은 부인하니 이같은 자들에게서 네가
> 돌아서라 딤후 3:5

경건의 모양만 가진 교인, 그 흉내만 내는 무늬만 그리스도인이 세상에 너무 많습니다. 지금 잠자는 그리스도인, 거듭나지 못한 가짜 그리스도인이 너무 많습니다. 세상이 마귀의 전략대로 타락하면서 교회도 같이 타락하고, 성도들도 세상을 닮아가고 있습니다.

옛날에는 교인들이 담배 피우고, 술을 마신다는 것을 상상할 수 없었습니다. 장로님의 아들이 믿지 않는 여자와 결혼하면 덕을 해쳤다고 교회에서 치리를 받았습니다. 그러나 요즘은 그렇지 않은데, 그 말인즉 세상이 변하면서 교회도 같이 변해버렸다는 것입니다. 말씀은 그대로인데, 예수님은 어제나 오늘이나 영원토록 동일하신데 우리가 변질되고 있는 것입니다. 청년부 회장도 동거하고, 선교단체 간사도 음란물에 중독이 되었습니다. 그 상태에서 주일에 교회도 가고 제자훈련도 한다는 것입니다.

팀 라헤이라는 분이 《목회자가 타락하면》이라는 책을 썼습니다. 제가 30년 전에 이 책을 읽고 큰 충격을 받았습니다. 이 책에 이런 에피소드가 나옵니다. 그 분이 강연을 가기 위해 비행기를 타고 미국의 다른 주로 가고 있는데 옆에 앉은 젊은 청년이 승무원이 가져다준 음식을 거절하며 금식 중이라고 말했습니다. 처음에는 대단한 믿음을 가진 사람이라고 생각했는데 대화를 나눠보니까 사탄을 숭배하는 자였습니다. 그러면 무엇 때문에 금식을 하느냐고 물어보니까 자신은 지금 사탄교 집회에 가고 있는데 사탄교 신도들이 그 집회에 참석하여 전 세계의 목회자들을 넘어뜨리는 기도를 하려고 한다는 것입니다. 자신에게도 기도 제목이 있는데 전 세계의 목사들이 성적으로 타락하기를 위해 금식하며 기도하고 있다고 말했습니다.

사탄은 지금도 우리를 넘어뜨리기 위해 기도하고 있습니다. 지금 우리는 전쟁 중입니다. 우리가 마냥 좋다 좋다 하고 있을 때가 아닙니다. 평안하다 평안하다 하다가 우리의 영이 다 죽습니다. 우리는 우리 자신과 교회와 주의 종들과 젊은 사역자들의 가정을 위해서 기도해야 합니다. 예수의 보혈을 덮어야 합니다.

사탄이 꿈꾸는 세상 3 바쁘게

사탄은 바쁘고 분주한 세상을 만들고 있습니다. 다니엘서에도 말세의 현상으로 빨리 왕래하고 지식이 팽창한다고 했습니다.

다니엘아 마지막 때까지 이 말을 간수하고 이 글을 봉함하라 많은 사람이 빨리 왕래하며 지식이 더하리라 단 12:4

그렇지만 옛날 어른들은 심지어 글씨를 몰라도 잘 살았습니다. 주식을 몰라도, 아파트 시세를 모르고, 부동산을 몰라도 살 수 있었습니다. 그런데 지금은 죽을 때까지 배워야만 살 수 있는 세상이 되었습니다. 스마트폰의 등장으로 더 이상 숨을 곳도 없어졌습니다. 새벽부터 심야까지 헐떡이며 일하고 배워야 산다고 합니다.

새벽기도는 꿈 같은 일이고, 철야기도도 못 드리고, 기도원, 산기도를 다시 할 생각도 못합니다. 예배는 주일에 한 번만 드릴 수 있습니다. 가족이 함께 모여서 식사를 해본 적도 오래입니다. 가정예배를 드리지도 못합니다. 모일 수가 없습니다. 뿔뿔이 흩어져서 정신없이 살기 바쁩니다. 이런 모습을 보고 마귀가 웃고 있습니다. 우리가 인생을 마귀에게 사기당하고 있는 것입니다.

끝까지 싸우고 행동하고 기도하라

그렇다면 우리가 어떻게 이 마귀의 계략에 맞서 이길 수 있습니까? 한 가지 희망이 있다면 그것은 교회입니다. 교회가 덩달아 타락하고 있다고 해도 우리가 모여서 기도하는 곳 역시 교회뿐입니다. 동성애자들이 축제를 벌이고 난리를 치면 거기에 맞서 강력히 반대하는 나라는 우리나라밖에 없습니다. 이것이 희망입니다. 전 세계의 강력한 나라들에서 동성애 합법화를 통과시켰기 때문에 그 영향력이 대단하고, 세계적으로 유력한 사람들이 동성애를 지지하는 것도 사실입니다.

그러나 우리가 사탄이 꿈꾸는 세상이 있다는 것을 알았다면 끝까지 싸워야 합니다. 우리에게는 예수 그리스도와 성경과 교회와 복음의 능력이 있습니다. 사탄의 꿈이 완성되는 나라가 되는 것을 가만히 보고 있는 것이 아니라 하나님의 나라를 위해 끝까지 싸우고 버티고 버텨야 합니다.

비록 세상에서 무시당하고 성공하지 못하더라도 사탄의 나라를 막아낼 수 있는 영적인 희생과 능력이 있다면 우리는 승리할 수 있습니다. 가난을 버텨내고, 욕심을 내려놓고, 좋은 차, 좋은 집, 남들이 부러워하는 생활을 내려놓음으로써 사탄의 공격을 막아낼 수 있다면 기꺼이 영적인 희생을 감수해야 합니다.

사탄의 꿈을 박살내기 위해서는 사탄의 계획과 반대로 행동하면 됩니다. 세상이 음란해질수록 우리는 거룩해져야 하고, 세상이 잔인할수록 우리는 따뜻해져야 하고, 세상이 자기밖에 모르고 이기적으로 변할 때 넓은 마음으로 다른 사람들을 품을 수 있어야 합니다. 복음의 능력을 가지고 날마다 말씀과 기도로 영적 무장하여 사탄과 맞서 싸워서 사탄의 꿈을 짓밟아야 합니다.

사탄이 꿈꾸는 나라가 아니라 하나님이 꿈꾸는 나라가 되도록, 죄로 오염되어 고통받고 음란한 나라가 되는 것이 아니라 거룩하고 상식이 넘치는 따뜻한 나라가 되도록, 사탄의 계략과 맞서 싸워서 우리 주님이 오실 때까지 버텨서 최후 승리자가 되시기를 예수님의 이름으로 축원합니다.

chapter **14**

진짜 사는 편을 택하라

사도행전 20:22-24

이 시대는 너무 가볍고 쉽고 간단하고 빠릅니다. 또 그렇게 살기 위해 애를 씁니다. 우리나라가 세계에서 인터넷이 제일 빠르다고 하는데 솔직히 어지간히 빨라도 되지 않을까요? 조금 기다리면 어때서, 대단히 중요한 일도 아닌데 0.1초 더 빨라지겠다고 난리입니다. 쉽게 간단하게 툭툭 일하는 사람이 똑똑한 사람이고 그런 회사의 주가가 올라가는 세상이 되었습니다.

간단하고 빨라서 좋은 것도 물론 있습니다. 그런데 쉽고 간단하고 빠른 것은 반드시 대가를 지불하게 합니다. 우리가 예전보다 간편히 살기 편해져서 삶이 좋아진 것처럼 보이지만 여러 가지 문제가 발생하고 있습니다. 우리가 쉽게 쓰고 버리는 일회용품이 많은데 물티슈, 일회용 기저귀도 한몫합니다. 우리나라 사람들이 쓰는 일회용 비닐봉투의 경우 한 사람이 1년에 450장을 쓴다고 하니 하루에 한 장 이상 사용하는 셈입니다. 쉽게 쓰고 버린 쓰레기들은 바다로 흘러가거나 산에 묻혀서 환경을 오염시키고, 결국 다시 쓰레기가 되어 우리가 먹고 우리 후대가 먹게 되어 우리에게 병을 주고 우리를 고통스럽게 합니다. 간편한 인스턴트 음식을 조리할 때 일회용기에서 나오는 환경호르몬이나 플라스틱 제품 사용 등이 불임의 원인이 되기도 한다고 합니다. 편해서 좋기만 한 것이 아니라 반드시 후유증이 남고 그 대가가 따른다는 것을 기억해야 합니다.

가볍고 참지 않고 진지하지 않은 이 태도는 우리가 쓰는 물건이나 생활용품에만 국한되는 것이 아니라 우리의 인간관계에서도 나타납니다. 요즘은 진지한 관계를 추구하지 않습니다. 다툼이 발생할 경우 해결을 위해 노력하기보다 쉽게 관계를 끝내버립니다. 심지어 결혼하고 신혼여행을 갔는데 헤어져서 각자 자기 집으로 돌아가고 곧바로 이혼을 하기도 합니다.

내가 좋은 대로 하는 자기 우상 신앙

더 큰 문제는 하나님과의 관계도 가볍기 짝이 없다는 것입니다. 참는 법이 없습니다. 자기가 우상이지 하나님이 우선이 아닙니다. 하나님이 아니라 자신을 위해서 살아갑니다. 쉽게 유튜브를 사용하니까 영상으로 예배를 드리고 영상으로 성경공부도 합니다. 구약성경도 하루면 끝낼 수 있다는 책이나 강의가 많습니다. 하루종일 성경을 깊이 읽고 '내가 이렇게 살아야겠구나'라고 결심하는 것이 아니라 성경을 하루 만에 끝내서 어쩌겠다는 건지 회의가 들기도 합니다. 교회 봉사도 내가 좋아하는 것으로 내가 좋은 시간에 맞춰서 하고, 목회자의 길을 가겠다면서 속성 코스로 신학을 하고 6개월 만에 목사가 되어 나타나기도 합니다.

내 얼굴에 침 뱉기지만 우리의 수준이 이것밖에 안 되니 큰일이라는 생각이 듭니다. 우리는 '자기가 좋은 것'이라는 자기 우상을 깨뜨려야 합니다. 우리가 보이는 우상에 넙죽넙죽 절하는 법은 없습니다. 누가 귀신에게 절을 합니까? 점집에 다닙니까? 우리가 명절에 제사상에서 절하지는 않습니다. 그러나 더 큰 우상이 있습니다. 우리 안에 다 있습니다. 바로 '자기'라는 우상입니다. 그런데 그것이 뭔지 자기도 모릅니다. 그러나 반드시 드러날 때가 옵니다.

안톤 라베이가 사탄교라는 것을 만들었습니다. 사탄교의 본부가 샌프란시스코에 있는데 거기에 동성애자가 백만 명이 있다고 합니다. 사탄교의 구호가 바로 "네가 하고 싶은 대로 하고 살아라"입니다. 그 사탄의 소리가 지금 우리의 교육 현장에 들어와 있습니다. 인권이라는 이유로 아이들이 하고 싶은 대로 하도록 내버려둡니다.

그런데 그리스도인도 크게 다르지 않은 것 같습니다. '네가 믿고 싶은 대로 믿으면 돼. 네 자아를 억압하지 말고, 네가 하고 싶은 대로 기도도 하고 예배도 하고, 설교도 네가 듣고 싶은 것만 들으면 된다'고 하지 않나요? 솔직히 설교에 은혜받았다고 말하는 것도 내가 듣고 싶은 말을 들었기 때문 아닙니까? 모르는 것을 알게 해주었거나 평소 가려운 데를 긁어주면 은혜받았다고 합니다. 자기 생각과 목사의 생각이 일치해서 은혜받았다고 합니다. 자기가 좋은 것입니다.

그런데 예수님을 만나서 진짜 은혜받은 사람은 고꾸라지는 사람입니다. 자기가 죄인인 줄 몰랐는데 죄인이라는 것을 깨달은 사람, '내가 잘못 살았구나', '더 이상 이렇게 살면 안 되겠다'는 것을 아는 것이 은혜입니다. 그런데 우리는 그런 메시지를 들으면 감당이 안 되니까 고개를 푹 숙이고 있다가 돌아갑니다. 하나님이 살라고 말씀을 주셨는데, 말씀의 방망이로 때리니까 깨지기 싫어서, 죄가 드러났는데 인정하기 싫어서, 성령이 죄인을 보고 죄인이라고 꾸짖으시는데 너무 불쾌하다는 것입니다. 그러나 말씀을 듣고 자신의 죄를 깨닫고 납작 엎드리는 것이 진짜 은혜받은 것입니다.

간음하고 있는 사람에게 말씀을 통해서 음란이 죄라고 이야기하면 그 자리에서 꼬꾸라져야 하는데 기분 나쁘다고 합니다. 담배도 못 끊는 집사가 있으면 그것이 죄이니 담배를 끊으라고 말하는 것인데 그러면 기분이 나쁘다고 교회에 못 가겠다고 합니다. 그것은 다 자기 우상이 있어서 그렇습니다. 나를 건드리지 말라는 것입니다. 그런데 하나님도 못 건드리고, 말씀도 그 사람을 꿰뚫지 못하면 결국 그는 영영 버림받은 자가 되고 마는 것입니다.

참된 생명의 길을 가라

케빈 카터라는 사진작가가 찍은 유명한 사진에는 뼈만 남은 앙상한 모습의 어린 소녀가 있고 그 옆에 아이가 죽어간다는 것을 알고 독수리 한 마리가 내려앉아 있는 모습이 담겨 있었습니다. 아프리카 수단의 기근의 심각성을 알린 사진으로 작가는 이 사진으로 퓰리처상을 받았습니다. 그런데 이 사진이 언론에 오르내리면서 사진작가에게 비난이 쏟아지기 시작했습니다. 굶주림으로 죽어가는 아이를 구조하지 않고 어떻게 사진을 찍을 수 있느냐는 것이었습니다. 작가는 아이의 목숨을 멸시했다는 비난을 견디지 못하고 결국 자살했습니다. 사실은 그의 잘못이 아닌데도 그가 엄청난 비난을 받아야 했던 이유는 생명의 소중함을 모두 알고 있기 때문입니다.

하나님께서는 소중한 목숨을 누구에게나 공평하게 부여하셨습니다. 부하거나 똑똑하다고 목숨이 추가로 주어지지 않습니다. 누구에게나 한 번뿐이기 때문에 자신의 삶이 마음에 들지 않는다고 중간에 포기하고 다시 시작할 수도 없습니다. 그런데 목숨보다 중요한 진짜 생명은 죽음 이후에 주어집니다. 우리의 목숨이 끝나는 순간에 참된 생명이 시작된다는 것입니다. 따라서 지혜자는 거기에 관심을 두고 살아야 합니다.

우리의 영원한 생명과 소망을 우리 주님께 두고 사는 성도는 환난과 핍박이 와도, 남들이 비난하고 조롱해도, 십자가를 지고 묵묵히 생명의 길을 갑니다. 예수 믿는 사람은 누구의 이해를 구하거나 누구한테 잘 보이려고 쇼하는 사람이 아닙니다. 그 길이 어떤 길인지 알았고, 믿어지기 때문에 그 길을 가는 사람입니다. 죽음 이후에 펼쳐질 생명에 집중하는 것입니다.

그런데 이 생명의 소중함을 모르는 사람이 너무 많습니다. 목숨을 위해서는 병원에 있는 의사나 간호사가 불친절해서 시험에 들었다거나 치료를 거부하고 병원을 뛰쳐나오는 사람이 없는데, 왜 생명을 살리는 하나님의 말씀의 훈계는 듣지 않으려고 합니까? 왜 사소한 일로 시험에 들었다고 하고 교회를 떠납니까? 그것은 진정한 생명의 가치를 모르는 것입니다.

예배에 전부를 걸라

이 세상에 누가 죽으려고 예수를 믿습니까? 복 받고, 병 낫고, 부자 되고, 결혼하고, 직장에 들어가고, 행복하고 싶어서 예수 믿지 누가 죽으려고 예수를 믿습니까? 그런데 성경은 살고자 하면 죽을 것이라고 합니다.

누구든지 제 목숨을 구원하고자 하면 잃을 것이요 누구든지 나를 위하여 제 목숨을 잃으면 구원하리라 눅 9:24

우리는 전부 살려고 합니다. 으뜸이 되려고 하고, 올라가려고 하고 심지어 교회에서도 경쟁을 합니다. 그렇다면 이것은 성경적이지 않습니다. 누구든지 자기 목숨을 살리려고 하지만 결국 우리는 전부 죽음을 향해 가고 있습니다. 그러나 진짜 살려고 하면 죽어야 한다고 예수님이 말씀하십니다. 죽어야 산다는 것입니다. 내가 죽어야 주변도 살고 나도 살게 되는 것입니다. 그런데 내가 살고자 하니까 내가 먼저 죽고 옆에서 다 죽어버리는 것입니다. 우리가 완전히 반대로 믿고 있는 것입니다.

우리의 신앙은 절대 가벼워져서는 안 됩니다. 하나님과의 관계도 절대 가벼워져서는 안 됩니다. 세상은 수없이 변해도 복음은 절대 바뀌지 않습니다. 복음의 가치는 절대 변하지 않습니다. 예수 그리스도는 어제나 오늘이나 영원토록 동일하십니다. 그런데 지금 우리는 예배의 진중함이 사라진 시대를 살고 있습니다. 예배가 너무 가벼워졌습니다. 도대체 전부를 걸고 예배하는 사람이 많지가 않습니다.

성경은 끊임없이 우리를 향해 자신을 버리라고 요구합니다. 예배는 나를 버리는 시간입니다. 예배는 내가 죽는 제사입니다. 구약에 이스라엘 백성들이 제물을 끌고 제사장에게 갑니다. 내 죄 때문에 내가 죽어 하나님 앞에 드려져야 하는데 나 대신 제물을 드리기 위해 나온 것입니다. 그때 제사장이 제물에 안수를 하면 내 죄가 제물에 전가(轉嫁)됩니다. 그다음 그 제물을 잡는데 제사장이 잡아주지 않습니다. 당사자가 직접 잡습니다. 목을 따고 배를 가르고 내장을 꺼내고 피가 튀는데 자신의 죄가 이와 같다고 고백합니다. 제물을 태우면서 자신이 이렇게 태워져야 하는데 자신의 죄를 용서해주시면 다시는 이런 삶을 살지 않겠다고 합니다. 이렇게 하나님 앞에 나를 태워서 죽이는 것이 예배입니다. 그래서 예배 시간에는 하나님께만 집중해야 합니다.

예배의 가치는 바뀌지 않았습니다. 'worship'이라는 단어는 'worth'라는 단어와 'ship'이라는 두 단어가 결합된 단어인데 'ship'은 "배"라는 뜻도 있지만 "태도"라는 뜻이 있다고 합니다. 그러니까 '예배'란 "어떤 가치 있는 대상에 대한 나의 태도"라는 뜻이 됩니다. 그래서 우리가 예배드릴 때 하나님만 바라보는 것입니다. 진짜 예배는 세상 사람들을 놀라게 합니다. 그들이 예배당에 들어섰을 때 예배하는 자들이 오직 하나님께만 집중하여 마음과 정성을 다해 찬양하고 기도하는 모습을 보고 놀라는 것입니다.

초대교회가 바로 그렇게 예배를 드렸습니다. 초대교회는 조직도 없고, 숫자도 적고, 유력한 자도 없는 오합지졸이었습니다. 그런데 로마 사람들과 이방인들이 어떻게 전도가 되고 복음에 관심을 갖게 되었을까요? 그들이 드리는 예배를 보았기 때문입니다. 하나님을 예배하는 사람들을 보니 하나님이 계신 것 같고, 그들이 저토록 예배하는 신이 누구인지 하나님을 궁금해하기 시작했습니다. 그들의 예배 태도가 사람들을 전도하기 시작한 것입니다.

한 번의 예배가 인생을 바꿀 수 있습니다. 한 번의 예배가 한 사람을 바꿀 수 있습니다. 그렇게 바꾼 한 사람이 세상을 바꿀 수 있습니다. 그래서 예배는 절대 가벼울 수가 없습니다. 인본주의적 예배를 깨트리고 하나님만 중심이 되는 신본주의적 예배로 다시 돌아가야 합니다. 코로나가 남긴 가장 큰 상처는 예배의 손상입니다. 이제는 주일 성수를 쉽게 여기는 풍토가 일어납니다. 우리의 예배를 받으실 분은 하나님 한 분밖에 없습니다. 우리가 드릴 진짜 예배도 단 한 번의 그 예배입니다. 우리는 예배의 본질로 돌아가야 합니다.

삶의 무게를 회복하라

우리는 성도들의 삶에 무게가 없는 시대를 살아가고 있습니다. 그러나 바울의 삶의 무게는 달랐습니다.

내가 달려갈 길과 주 예수께 받은 사명 곧 하나님의 은혜의 복음을 증언하는 일을 마치려 함에는 나의 생명조차 조금도 귀한 것으로 여기지 아니하노라 행 20:24

바울은 각 성에서 환난과 핍박이 기다리고 있고, 예루살렘에서 결박당하여 로마에 압송되어 순교할 것이 자신의 운명이라는 것을 알고도 그 길을 포기하지 않았습니다. 목숨도 포기하고 자신에게 주어진 사명의 길을 끝까지 완수했습니다.

하나님이 우리에게 생명을 주셨습니다. 지금 우리가 누리는 삶도 하나님이 주신 것입니다. 언젠가 이 삶도 마치게 될 텐데, 이 생명을 누군가에게 드린다면 누구에게 드리겠습니까? 하나님이 주신 하나뿐인 생명을 하나님께 바치는 일은 당연하고도 마땅한 일입니다. 우리가 그런 당연한 일을 했는데 하나님은 우리에게 영원한 생명을 복으로 주십니다. 그러니 우리도 바울과 같이 살아야 하지 않겠습니까?

저는 허무하게 죽은 사람들의 이야기를 여럿 알고 있습니다. 폭주족과 어울려 오토바이를 타다가 사고로 즉사하거나 SNS에 올릴 사진을 찍다가 죽는 사람도 있습니다. 그런 가치 없는 죽음이 아니라 주님을 위해 생명을 드릴 수 있다면 그것이 은혜입니다. 삶이 가벼운 사람은 그런 은혜를 누릴 수 없습니다. 가볍고 요동치고 쉽게 포기하는 사람이 어떻게 하나님께 가치있는 죽음을 드릴 수 있겠습니까?

우리가 삶의 무게를 회복해야 합니다. 말 한마디도 쉽게 하면 안 됩니다. 한다고 했으면 해야 합니다. 하나님 앞에 작정했다면 지켜야 합니다. 다윗은 어린 시절부터 양을 지키기 위해 밤을 지새웠습니다. 하나님이 그것을 보시고 다윗에게 이스라엘을 맡기신 것입니다. 울며 씨를 뿌리는 자는 반드시 기쁨으로 곡식 단을 거두는 날이 옵니다.

내 주변에 있는 사람들을 하나님이 보내신 영혼으로 생각하면 아무도 함부로 대할 수 없습니다. 어린아이 하나가 바울이 될 수도 있고, 김일성이 될 수도 있는데, 우리가 그 영혼을 어떻게 대하느냐에 따라서 달라질 수 있다는 무거운 책임감을 느껴야 합니다.

주님의 재림을 준비하라

가벼운 삶을 살지 않기 위해서 우리는 주님의 재림을 준비해야 합니다. 우리가 주님의 재림을 아주 먼 미래로 생각하는데 영적으로 조금만 예민해도 주님 오실 날이 가까이 오고 있다는 것을 깨달을 수가 있습니다. 옛날에는 부흥회를 닷새씩 했는데 매해 강사가 달라져도 메시지는 십자가와 재림으로 항상 똑같았습니다. 그만큼 십자가와 재림은 중요한 신앙의 화두입니다. 그런데 지금은 모두 영적으로 깊은 잠에 빠져 있습니다. 행복만 추구합니다.

지옥에 간 사람 중에 이 세상에서 행복하게 살았던 사람이 얼마나 많은지 아십니까? 반대로 날마다 마음 졸이고 고통을 받다가 천국에 간 사람이 얼마나 많은지 아십니까? 바울의 마음이 한시라도 편했겠습니까? 그는 자기 안에 큰 근심과 그치지 않는 고통이 있었다고 고백합니다. 영혼과 교회를 향한 염려로 바울은 행복하지 않았습니다. 예수님은 행복하셨을까요? 차라리 우리처럼 모르면 편히 잊고 살 수 있는데 예수님은 모든 것을 아셨습니다. 십자가의 시간이 다가오고 있다는 것을 아셨고, 가룟 유다가 자신을 팔 것을 아셨고, 베드로가 자신을 배신할 것도 아셨습니다. 예수님은 세상의 모든 고통과 인류의 죄를 짊어지고 하루하루 버겁게 사시다가 십자가에서 죽으시고 부활의 영광에 들어가신 것입니다.

우리가 추구해야 할 것은 행복이 아니라 예수님을 닮아가는 삶입니다. 예수님처럼 주의 말씀대로 순종하기 위해 끊임없이 투쟁하는 삶이 있어야 합니다.

심판대 앞에 서는 날을 잊지 말라

우리가 진중한 삶을 살기 위해서는 심판대 앞에 서게 되는 날이 있다는 것을 잊지 말아야 합니다. 예수님이 오신다는 것은 양면성이 있는데, 하나는 우리가 심판대 앞에 서게 된다는 것이고, 다른 하나는 우리의 믿음을 증명하게 된다는 것입니다.

마태복음 25장에는 심판의 날에 목자가 양과 염소를 가르듯이 오른편과 왼편에 천국과 지옥에 들어갈 자들을 세우신다고 합니다. 심판의 날이 되면 이렇게 양극단으로 갈라지게 되어 있습니다. 반드시 심판의 날이 옵니다. 그러나 심판의 날을 믿지 않으면 자기 마음대로 살아갑니다. 이 세상이 전부인 것처럼 방탕하게 살아갈 뿐입니다.

군대에서 전역을 3개월 앞두면 사람이 완전히 달라집니다. 분명히 아직 군인 신분인데 제대한 다음에 할 일을 준비하기 시작합니다. 반드시 전역하는 날이 올 것이라 확신하기 때문에 앞으로의 삶을 준비하는 것입니다. 마찬가지로 심판의 날이 온다는 것을 아는 사람은 심판을 준비하지 않겠습니까? 심판대 앞에서 준비하면 늦습니다. 심판대 앞에서는 어떤 말을 하더라도 심판의 결과가 바뀌지 않습니다. 심판은 이 세상에서 어떻게 살았는지를 평가받는 것이기 때문에 이 세상에서 심판의 기준대로 산 삶을 준비해야 합니다. 우리는 반드시 심판대 앞에 서게 됩니다.

일사각오의 신앙

주기철 목사님은 신사참배를 강요하는 일제에 맞서 일사각오(一死覺悟)의 신앙으로 항거하다가 일제의 고문으로 감옥에서 순교하셨습니다. 일사각오의 신앙이란 한 번 죽을 각오로 신앙을 지켜가겠다는 것입니다. 그런데 주기철 목사님이라고 목숨이 아깝지 않았겠습니까? 죽음이 두렵지 않았겠습니까? 고문이 무섭지 않았겠습니까?

주기철 목사님의 아들 주광조 장로님이 이런 간증을 했습니다. 어느 날 주기철 목사님이 풀려나서 집에 왔다고 합니다. 일본 경찰이 얼마나 간악한지 풀려나서 집으로 가면 마음이 약해질까 하여 일부러 풀어준 것입니다. 고문을 심하게 당해서 제대로 걷지도 못하게 되어 왔는데 사모님이 문을 열어주지 않았습니다. 그러면서 "내 남편 주기철은 죽었소"라고 했다고 합니다. 주기철 목사님은 그 길로 돌아서 갔고, 그 모습을 보고 사모님은 눈물을 흘렸다고 합니다.

주기철 목사님이 감옥에 있을 때 사모님이 솜옷을 지어서 가져갔는데 목사님이 벌벌 떨면서 다시 가져가라고 했습니다. 왜냐하면 고문을 당하면 피가 나는데 솜옷이 피를 빨아들이면 엄동설한에 얼어버리기 때문에 차라리 얇은 옷을 입는 것이 낫다고 했다는 것입니다. 사모님이 그 말을 듣고 통곡을 했습니다.

하지만 주기철 목사님도 결국 인간이었습니다. 순교를 앞둔 마지막 면회였습니다. 목사님은 떨리는 목소리로 사모님에게 어머니의 안부를 물어보고는 "여보, 따뜻한 숭늉 한 그릇이 먹고 싶네"라고 말하고 돌아섰다고 합니다. 목사님은 왜 그렇게 어렵고 힘든 길을 택했을까요? 어리석어서 그런 길을 택한 것입니까? 아닙니다. 이 세상에서 받는 고난은 잠깐이지만 하늘에서 받는 영광은 영원하다는 것을 아셨기 때문입니다. 순교자의 삶이 어리석게 보여도 절대 어리석은 삶이 아닙니다.

주기철 목사님은 마지막 설교에서 이렇게 말했습니다.

"내 몸을 가두고 어떤 고통에 던져줘도 나는 주님이 아닌 어떤 것에도 경배하지 않겠다. 경배를 흉내조차 내지 않는다. 어떤 이는 나에게 왜 괜한 일로 목숨을 버리느냐고 하고, 어떤 이는 가족을 생각하라고 하고, 우리가 진심으로 신사참배한 것이 아니기 때문에 주님도 이해하실 것이라고 하지만, 그리고 지금은 지혜롭게 양보하고 훗날을 도모하자고 하지만, 우리 주님 날 위해서 십자가 지시고 그 고통을 당하셨는데, 나 이제 죽음이 무섭다고 주님을 모른 채 할까. 소나

무도 죽기 전에 찍어야 푸르고, 백합화도 시들기 전에 떨어져야 향기로운 법이오. 이 몸도 시들기 전에 주님께 드려지기를 바랄 뿐이오."

저 역시 자신이 없습니다. 그래서 기도합니다. 용기를 달라고, 마지막까지 변질되지 않게 해달라고 기도합니다. 앞으로 이 세상이 더 험난한 세상이 되어 상식이 깨지고 신앙의 자유가 무너지고 코로나보다 더 센 것이 오더라도, 우리가 단지 예수님을 믿는다는 이유만으로, 교회를 다닌다는 이유만으로, 성경책을 가지고 있다는 이유만으로, 예배를 드린다는 이유만으로 우리의 숨통을 조여온다 해도 위기 가운데 타협하지 않고 승리할 수 있도록 기도하십시오.

예수님을 만나 깨어난 인생을 사신다면 주님을 위한 삶을 준비하십시오. 마음을 단단하게 먹고 진중한 신앙으로, 진중한 삶으로 돌아가 무섭게 말씀을 듣고, 기도 한마디도 무겁게 하고, 찬양을 해도 생명을 다해 드려야 할 때입니다. 한 치 앞을 알지 못하는 이 세상 가운데 다시 한번 우리의 믿음을 무장하고 오직 예수로 돌아가야합니다. 일사각오의 신앙으로 죽고자 하는 자는 살 것이고 살고자 하는 자는 죽으리라 했으니 진정으로 사는 편을 택하는 이 믿음을 달라고 구하시기 바랍니다. 마지막까지 견디며 십자가의 길을 가다가 주님 앞에서 영광을 누리는 여러분이 되시기를 주님의 이름으로 축원합니다.

전부를 걸어라

초판 1쇄 발행	2024년 7월 10일
초판 3쇄 발행	2024년 7월 18일
지은이	박한수
펴낸이	여진구
책임편집	안수경 김도연
편집	이영주 박소영 최현수 김아진 정아혜
책임디자인	마영애 노지현	조은혜 이하은
홍보 · 외서	진효지
마케팅	김상순 강성민	마케팅지원 최영배 정나영
제작	조영석 허병용	경영지원 김혜경 김경희

303비전성경암송학교 유니게 과정
이슬비전도학교 / 303비전성경암송학교 / 303비전꿈나무장학회

펴낸곳 규장

주소 06770 서울시 서초구 매헌로 16길 20(양재2동) 규장선교센터
전화 02)578-0003 팩스 02)578-7332
이메일 kyujang0691@gmail.com 홈페이지 www.kyujang.com
페이스북 facebook.com/kyujangbook 인스타그램 instagram.com/kyujang_com
카카오스토리 story.kakao.com/kyujangbook
등록일 1978.8.14. 제1-22

ⓒ 저자와의 협약 아래 인지는 생략되었습니다.
이 출판물은 저작권법에 의해 보호를 받는 저작물이므로 무단 전재와 무단 복제를 할 수 없습니다.

책값 뒤표지에 있습니다.
ISBN 979-11-6504-541-8 03230

규 | 장 | 수 | 칙

1. 기도로 기획하고 기도로 제작한다.
2. 오직 그리스도의 성품을 사모하는 독자가 원하고 필요로 하는 책만을 출판한다.
3. 한 활자 한 문장에 온 정성을 쏟는다.
4. 성실과 정확을 생명으로 삼고 일한다.
5. 긍정적이며 적극적인 신앙과 신행일치에의 안내자의 사명을 다한다.
6. 충고와 조언을 항상 감사로 경청한다.
7. 지상목표는 문서선교에 있다.

하나님을 사랑하는 자 곧 그의 뜻대로 부르심을 입은 자들에게는 모든 것이 合力하여 善을 이루느니라(롬 8:28)

규장은 문서를 통해 복음전파와 신앙교육에 주력하는 국제적 출판사들의 협의체인 복음주의출판협회(E.C.P.A:Evangelical Christian Publishers Association)의 출판정신에 동참하는 회원(Associate Member)입니다.